星占いの文化交流史

新装版

A History of Cultural Exchange in Astrology

矢野道雄
yano michio

keiso shobo

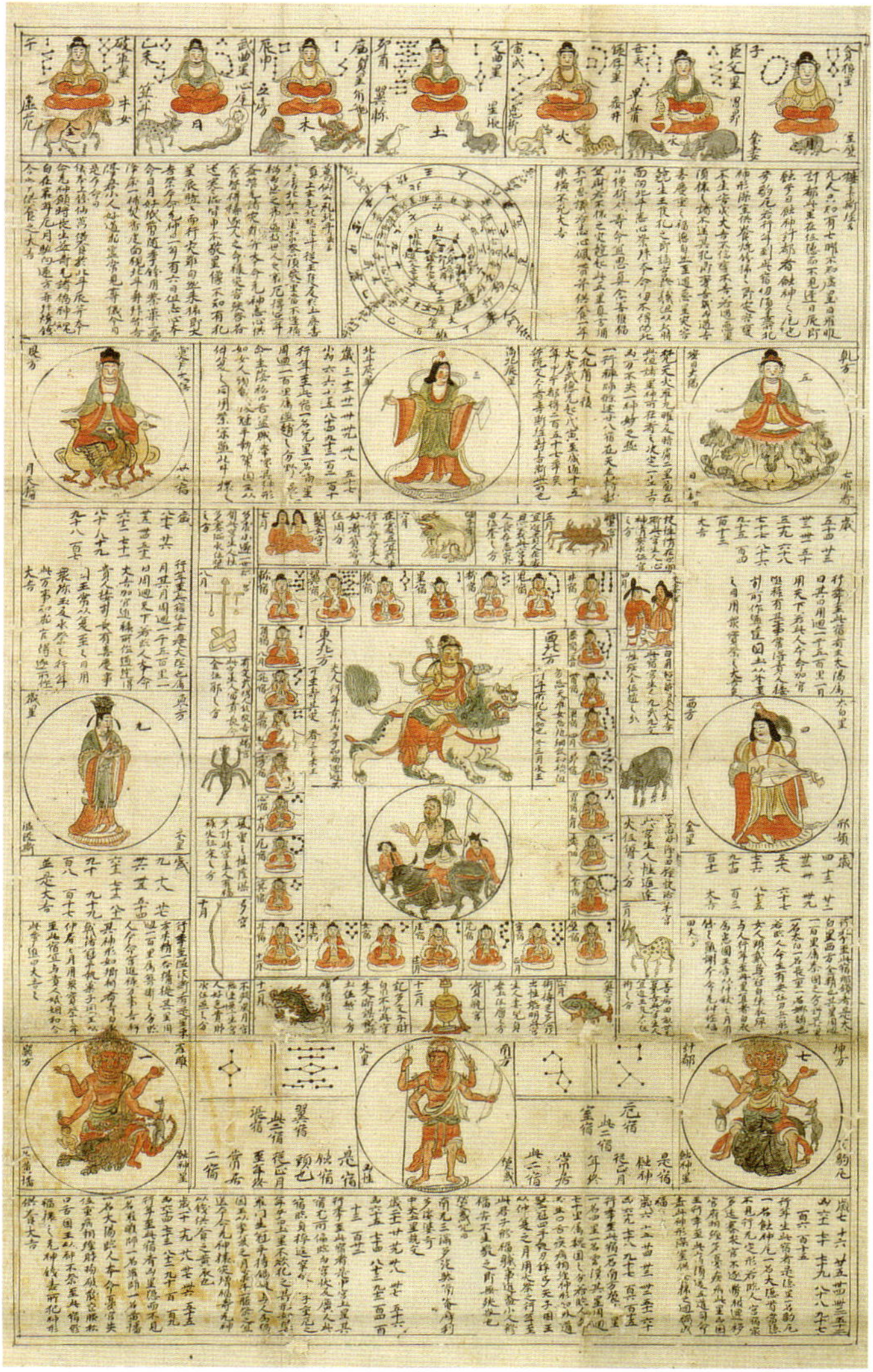

東寺の火羅図

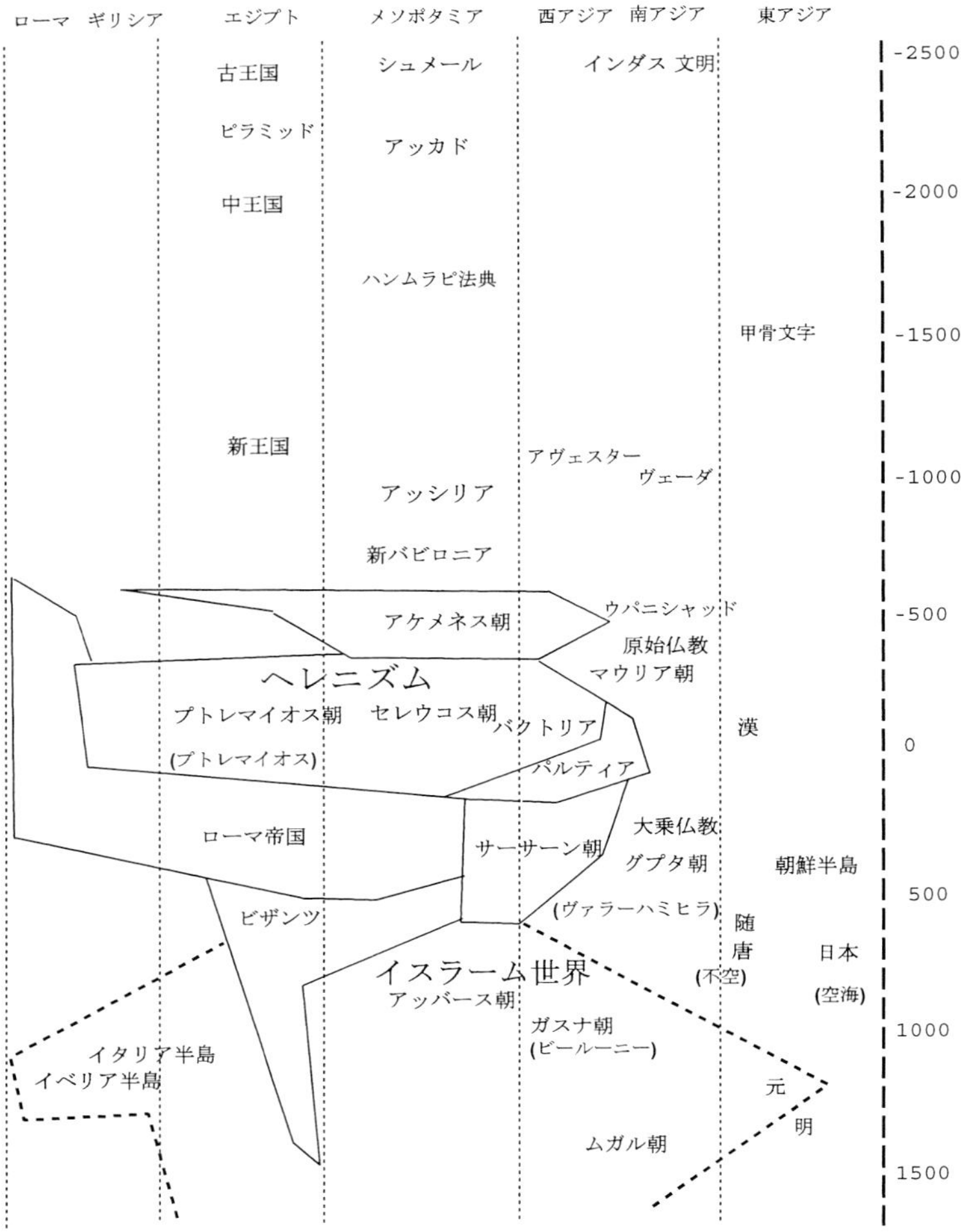

占星術を中心とした文化交流史の概念図
(ノイゲバウアー『古代の精密科学』の図をもとに改変)

はじめに

古代文明においては占いは未来予知のための学問であり、技術であった。夢、亀の甲羅《こうら》、動物の振舞い、星の配置、手相などに未来が書き込まれていると信じた人々は、それを読み取るシステムを構築しようとしてきた。これらのシステムは現代では「科学」とは見なされないが、古代・中世においては立派な学問分野であった。未来予知のための「応用科学」「経験科学」の役割を果たしており、メソポタミアと中国においては国家体制を維持するための基幹学問であった。だからこそ現代の先端科学のように急速に周辺世界に流れ出ていったのである。

これらの占いのシステムのうち、天に描かれた文様を読み取ろうとしたのが占星術である。中国ではこれを「天文」という。現在の用語としては「天文学」は数理科学であるが、古代中国では「天文」は占いのひとつであり、数理天文学のほうは「暦」と呼ばれた。占星術は数理天文学や宇宙論と結びつくことによって学問分野としてもっとも整備された占いの体系になった。近代科学革命が起こるまでは学問の中枢であったとさえいうことができる。したがって、古代・中世のさまざまな文化圏における自然観、宇宙観、世界観、歴史観、人間観などを知るための手掛りを占星術書のなかに見出すことができる。

本書の目的は、メソポタミアから日本まで、占星術をテーマとして文化交流の足跡をたどり、交流とともに生じた変化を比較し、それぞれの文化をよりよく理解するための新たな視点を提供することである。そのさいとくに占星術にかかわる言語現象に注目をはらい、「言葉と社会」というシリーズとしてふさわしい一冊になるよう配慮するつもりである。

占星術は現代でもさまざまなかたちで生きている。新聞、週刊紙、テレビなどでも「占いコーナー」がある。そこで語られていることは必ずしもいいかげんなことばかりではなく、歴史的な根拠があることが多い。大学の授業で取り上げられるようなことはめったにないが、ちょっと勉強してみると、歴史や文化の意外な側面がわかってくる。占星術の交流史を通じて、古代・中世の歴史、科学史、比較文化などへとさらに関心を広げるきっかけを本書が与えることになれば幸いである。

目　次

目次

目　次

目　次

口絵写真提供　便利堂

第一章　バビロニアから日本まで

1　西安の夏

二〇〇二年八月、中国で国際数学会が開催された。北京が主会場だったが、分科会は中国各地の数十か所に分かれて行なわれた。そのひとつ、西安の西北大学で開かれた数学史の分科会に参加した。その組織委員長で気鋭の中国数学史研究者曲安京さんが、ここ数年来共同研究しているわたしを招待してくださったのである。

西安はいうまでもなく、古えの長安であり、唐文化が咲きほこった都である。若いころ文化史に惹かれていたわたしにとってあこがれの都市であった。そのあこがれは『天平の甍』など井上靖氏の歴史小説によって育まれ、石田幹之助氏の名著『長安の春』を読んでいっそう強くなったものである。わたしはインド哲学史、サンスクリット文献学、インド科学史、天文学史、そして

慈恩寺の大雁塔 (筆者撮影)

占星術史と関心の赴くままに勉強の中心を変えてきたが、いま最後の研究分野として位置づけようとしているのが文化交流史である。その原点が長安にあったと今にして思うのである。わずか一週間の滞在とはいえ、『長安の春』を読んだときの感激が「西安の夏」に甦ってきた。

この学会でわたしは「インドと中国の数理科学——伝播と比較」というタイトルの講演をした。他の文化事象と同じように数理科学も伝播するが、まるごと伝えられるわけではなく、受け入れ側の文化に合うように取捨選択されたり、変更を加えられたりする。そのような伝播のありかたに着目することによって受け入れ側の文化の性格がよりよく理解され、比較はより具体的かつ鮮明になる。このことを中国とインドを例にして話したのである。現在わかっているインドと中国の数理科学の関係は、インドから中国への一方通行であるが、中国の数理科学の特徴を知るための重要な手掛かりになる。わたしの恩師藪内清先生が中国の周辺文化の天文学と暦法に強い関心をもたれたのはそのためであった。

わたしは学会の会場になったホテルのすぐ近くに大興善寺という仏教寺院があることを知ったので、会議の合間を見つけて、密教僧不空（七〇四―七七四）が訳経の作業をしたといわれるこの寺へ行った。建物は中国式であるが、庭園にはどことなくインドの空気を感じた。不空はアモーガヴァジュラという名前をもつインド人であるが、仏教徒になって中国に帰化した後、広く南インドを旅して経典を求め、帰国してからは唐三代の皇帝に仕えて異才を発揮し、密教を中国に広めるのに大きな貢献をした。奇しくも不空の没年に生まれた弘法大師空海は「空」の一字をもらうだけでなく、渡海して長安に至り、不空の弟子恵果《けいか》を通じて不空の教えをすべて受け継いだのである。

大秦景教流行碑の上部 (筆者撮影)

不空に先立つことおよそ一〇〇年、三蔵法師玄奘（六〇二―六六四）がインドから持ち帰った大量の経典の翻訳作業を指揮したのも長安である。その経蔵があった慈恩寺も訪れ、高さ六〇メートル以上もあるといわれる大雁塔の最上階、第七層から西安の町を眺めることができた。

さらに市の中心部を取り巻く城壁の近くの碑林博物館では「大秦景教流行碑」の実物を見ることができた。七八一年建立のこの碑は、はるかローマからやってきたネストリウス派のキリスト教（大秦景教）が当時いかに流行していたかを如実に示すものである。

長安はまさにローマから日本の平安京まで、当時知られていた世界の文化交流の中心であった。当時さまざまな言語がこの街にとびかっていたことは、不空の『宿曜経』から知ることができる。当時はまだ「曜日」という概念が珍しかったのであるが、この経のタイトルにある「曜」こそはまさにそれであり、西方から来た最新の占いの要素であった。不空は、もし今日が何曜日かわからなければ西方から来た人々に聞けばいいとして、そのために、中国語と並んで、ソグド語、ペルシア語、サンスクリット語（梵語）による曜日名の発音を教えている。やがてこの『宿曜経』は空海によって日本にもたらされ、平安時代の中期から末期にかけて大流行する宿曜道の基本経典になった。それはいま流行りの安倍晴明などの陰陽師たちが暗躍していた時代でもある。これについては本書の後半であらためて述べるだろう。

2　ユーラシアの舞台

本書で扱う地理的な範囲はユーラシア大陸全体に及んでいる（口絵参照）。まず、占星術が起こったのは紀元前八世紀ごろのメソポタミアである。その数理化が進んでホロスコープ占星術へと発展していったのは紀元前五世紀の後半であった。やがてアレクサンドロス大王の東征の跡にできたいわゆるヘレニズム世界においてギリシア文化と東方の文化が融合し、占星術はいっそうの発展をとげた。ヘレニズムはギリシア、メソポタミア、エジプトという三つの古代文明の受け皿であった。ヘレニズムの占星術が最高潮に達したのが、紀元二世紀のアレクサンドリアにおいてであり、それがほぼ完成した様子はプトレマイオスの占星術書『テトラビブロス』に見られる。その少し前には、貿易風が発見され、地中海とインド洋を結ぶ海上貿易が発達し、ヨーロッパとインドの間を交易品が行き交うようになった。このとき地中海世界からインドに輸入されたもののひとつがホロスコープによる出生占星術だった。もともと占星術が盛んであったインドでは、この新しい占いがまたたく間に流行した。そのピークを形成したのが六世紀中ごろの宮廷占星術師であり天文学者のヴァラーハミヒラである。インド化したホロスコープ占星術は仏教とともに中国に伝えられた。中国ではさほど大きな影響を残さなかったが、平安時代の日本では大流行することになった。

一方ローマ帝国が東西に分裂したあとは、ヘレニズムの科学はネストリウス派のキリスト教徒が担うことになったが、その一部はシリアからサーサーン朝ペルシアへと流れていった。サーサーン朝では国教であるゾロアスター教の文化が栄えていたが、インドとの交流もあり、小規模ながら東西の文化が融合しはじめていた。しかしやがてイスラーム教が興り、急速に拡大し、イスラーム世界がヘレニズムの科学の受け皿になった。イスラーム科学は中世ヨーロッパへと逆輸入され、ルネサンスのさきがけとなり近代科学につながっていく。イスラームの占星術も科学の一分野としてヨーロッパに伝えられた。元・明時代には中国にも伝えられた。さらにインド亜大陸でもムガル朝時代にはイスラーム科学はインドの伝統科学に溶け込んでいった。

このように、紀元前八世紀から近代科学が広がる時代までの、ユーラシア大陸全体にわたる東西の文化交流のなかで占星術が果たしていた役割を紹介し、文化交流史の新たな視点を提供するというのが本書の概要である。

3　東寺の火羅図

この交流の概略を凝縮したような一枚の図が京都の東寺にある。「火羅図」と呼ばれるのがそれである（口絵参照）。図の隅に「永萬二年六月中旬」という銘があるから、西暦一一六六年のものであり、密教占星術が最も流行していた時期にあたる。仏教経典の集成である大蔵経の「密教部」に『梵天火羅九曜』という経典があるが、東寺の火羅図はこの経典の図像の部分を中心にして一枚にまとめあげたものである。この経典については第五章で述べるが、この「火羅」ということば自体が、文化交流の足跡をしっかりととどめている。これは梵語（サンスクリット語）の「ホーラー」（horā）の音訳にほかならない。

仏教とともに中国を経てはるばるインドから伝えられたこの語は、さらに古く、ギリシア語まで遡る。したがって漢字の「火」と「羅」自体には大きな意味はない。まったく新しい概念が異なった文化圏に伝えられるとき、しばしば原音がそのまま訳語として用いられる。いわゆる「音声借用」という言語現象である。「火羅」はその典型的な例である。ことばが伝わって行く間に意味は微妙に変化していくことが多い。

ギリシア語の「ホーラー」は、時間的には一日の二四分の一であり、現在の時刻法の一時間に相当し、英語の hour の語源になっている。空間的には、一時間に天球が回転する角度、すなわち一五度に相当する。また占星術では東の地平線を起点として天球を一二の部分に分け、それぞれをギリシア語で「トポス」と呼ぶが、そのうち、地平線に上昇しようとしている第一のトポスを「ホーラー」とも呼ぶ。これらは占星術の基本概念である。さらにこのような背景のもとに、惑星の位置関係を示した図を英語で「ホロスコープ」と呼ぶが、その前半の「ホロ」(horo-)も「ホーラー」に由来している。インドの「ホーラー」はこれらの意味を保存しているが、それに加えて、西方起源の新しい占いのシステムそのものをもさすようになった。そこで「ホーラー学」といったタイトルのサンスクリット語の書物も残されているのである。

東寺の火羅図は、空間的時間的単位という本来のギリシア語の意味は抜け落ちているが、インド的な広い意味での「ホーラー」を見事に表わしている。この図はほぼ同心方形に並べられた三層に二十八宿、十二宮、九曜が配置され、上の縁に北斗七星がある。二十八宿は中国にもインドにもあるが、火羅図の二十八宿は漢訳仏典にもとづいており、インド由来とみなしてよい。十二宮はバビロニアで起こり、ギリシアからインドへ伝えられたものである。北斗七星はインドでも七仙人と呼ばれ神話の題材になっているが、火羅図では中国の北斗信仰にならった伝統的な名前が用いられ、七星のそれぞれに二十八宿のうち四宿ずつが配当されている。これは中国の占いに基づいたものである。

このように火羅図はバビロニアで起こりギリシアで発展したホロスコープ占星術が、インドに渡って変容をとげ、さらに中国の要素を織り混ぜて日本で受け入れられたことの証拠になるものであり、古代の文化交流の縮図なのである。ところがこのような図が中国大陸には現存せず、文化交流の最終地点である日本で大切に保存されているということは興味深い事実である。平安朝の日本は、バビロニアから始まった占星術の文化交流の吹き溜りでもあったのだ。

第二章　占星術のはじまり

1　創造神話

占星術の起源はメソポタミアにあったということができる。天の現象に関する最初の関心は、紀元前二千年紀の初期のものといわれる創造神話『エヌーマ・エリシュ』の第五粘土版にみられる。筑摩世界文学体系の『古代オリエント集』では次のように訳されている（後藤光一郎訳、一部変更）。

（それから）かれは偉大な神々のために落ち着き場所を設けた。
かれらの似姿であるそれぞれの星、十二宮の星座を置き、
一年をさだめ、基礎的割りふりをしてから、
一二の月にそれぞれ三つの星座を配置した。

かれは一年の月日に区切りをつけたのち、
誰も秩序を乱すようなことを仕出かしたり、ずぼらにならないよう
木星（ネビル）の場所を設け、それらとの関係を決めた。
かれはそれとともにエンリル（の北の道）とエア（の南の道）の位置を定めた。

このうち、あとで説明するように、「十二宮」は「一二の星座」と理解したほうがよいだろう。というのは、この時代にはまだ「座標」としての十二宮は成立していなかったからである。しかし太陽の通り道である黄道付近にあり、ひと月ごとの太陽の運動の目安になる一二の星座が注目されていたことは明らかである。またもとの和訳では「一二の月にそれぞれに三つの（旬日の）星座」と「旬日の」ということばが補われているが、そのような補いは不要である。なぜなら、一〇日ごとの太陽の運動の目安となる「旬日の星座」はエジプトでこそ「星時計」に用いられ、のちに占星術用語の「デカン」として一〇度の広がりを示すようになるが、『エヌーマ・エリシュ』の場合は、むしろ天の赤道を中心として南北に三つのゾーンに分けていたと考えられるからである。その三つのゾーンのうち二つは、このテキストにみられる北の神エンリルの道と南の神エアの道であり、それらの中央にあるのがアヌの道である。
メソポタミアにおける広い意味での星占い、あるいは天の前兆占いは、紀元前一六世紀あたり

から始まったとみることができる。その活動を伝えるのが『エヌーマ・アヌ・エンリル』と呼ばれる一群の粘土板テキストである。粘土板はタイトルがわからないとき、第一行目の最初の数語によって名付けられることが多いが、『エヌーマ・アヌ・エンリル』は「アヌとエンリルが…のとき」で始まっている。これは紀元前一〇〇〇年頃までの天の前兆を集めたものであり、「もし天で甲という現象が起こると、地上では乙という現象が起こる」というパターン化された表現で前兆が何千も記録されている。前兆として用いられているのは月、太陽、惑星、恒星である。これらは各地で観測され、もし王や国にとって悪い前兆が起これば王に報告され、しかるべく対処策をとるようなシステムが構築されていた。

このような状況がおよそ八世紀続いたあと、紀元前七五〇年頃に新たな動きが生じた。天文現象を単に「記録」するだけで終わった前の時代から、観測結果の数値化により未来予知を試みようとし始めた時代へのシフトが起こったのである。社会的にはアッシリア帝国の最後の局面であり、紀元前七四五年にティグラトピルセル三世が即位してから、六一二年にナボポラッサル王のバビロニアによって滅ぼされるまでのおよそ一三〇年間である。このころになると王宮には専門の占星学者が採用され、前兆の解釈に携わるようになる。アッシリアとバビロニアの学者や地方の長官がアッシリア帝国の王に送った天文現象に関する多数の手紙や報告が帝国の公文書館の跡から発掘されている。そのテキストや翻訳が最近出版されるようになり、占星術が帝国において果たしていた役割が明らかになりつつある。

2　観測記録

年代が確定でき、信頼するに足る観測記録が書き残されるようになったのも紀元前八世紀の中頃からである。紀元後二世紀のアレクサンドリアで『アルマゲスト』を著したプトレマイオスは、幾何学的な天体運動モデルを確立するために数多くの古代の観測記録を用いているが、そのなかでもっとも古いのはバビロニアにおける皆既月食である。プトレマイオスはこれを「マルドケムパド第一年、エジプト暦のトート月の二九日から三〇日にかけて」「月が出てから一時間以上あと」「バビロニアで観測された」ものだと述べている（藪内清訳『アルマゲスト』第四巻第五章）。この日は西暦では紀元前七二一年三月一九日にあたる。

試みに天文学のシミュレーションソフト「ステラナビゲータ」（アスキー出版局）でチェックしてみると、同日の現地時間午後七時四五分ごろから月が欠けはじめ、八時四八分ごろ皆既になる。プトレマイオスがどのようにしてバビロニアの資料を手に入れることができたのか、たいへん気になるところであるが、いまは知ることができない。いずれにせよかれは自分よりおよそ八五〇年前のバビロニアにおける観測記録を信頼して用いることができたのである。またかれは太陽と月と五つの惑星の平均運動の起点（元期）としてバビロニアのナボナッサル紀元第一年を採用している。これは紀元前七四七年にあたる。バビロニアの統治者の名前が年代表記のための信頼できる時間軸として用いられるようになるのもやはりこのころのものからだったのである。

金星の観測

『エヌーマ・アヌ・エンリル』の第六三粘土板は「アミサドゥカ王の金星観測」と呼ばれる。これは古代バビロニアのアミサドゥカ王の治世第一年から第二一年までの金星の見伏現象にかかわる占いを記録したものである。金星は宵の明星として西の空に見えた後、太陽に接近して見えなくなり、しばらくすると明けの明星として東の空に見え、さらにまた太陽に接近して見えなくなる。このような「見伏」の現象にかかわる占いがバビロニアの暦の「月日」とともに記録されているのである。

実際にそのような日付のパターンに合うような二一年間を、天文学的な方法によって歴史年代上で求めることができれば、アミサドゥカ王の統治年代がわかることになる。さらに、アミサドゥカ王の統治が、法典で有名なハンムラピ王の統治の一四六年後に始まったことが知られているので、バビロニアの年代学そのものにとってもきわめて重要な資料になる。そういうわけで多くの年代学者や天文学史研究者の関心を集め、さまざまな説が登場した。

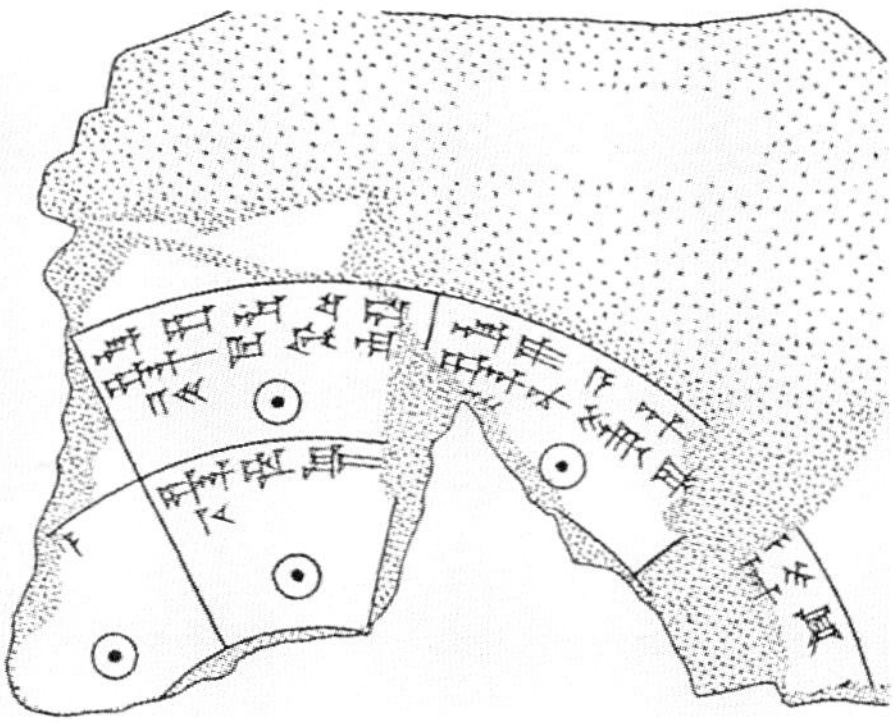

図 2–1　通称「アストロラーブ」
(van der Waerden, *Science Awakening* より)

大英博物館から出版された最近の入門書では、その年代を紀元前一七〇二年から一六八二年までとしている。わたしの恩師ピングリー教授は、この年代を紹介しながらも、現存する粘土板のデータだけでは年代を確立するには不十分であるというノイゲバウアーの立場も支持している。

『エヌーマ・アヌ・エンリル』の系統を受け継ぐのが「アストロラーブ」や『ムル・アピン』と呼ばれる一連の粘土板である。前者は誤って名付けられたもので、後の天文器械であるアストロラーブとはまったく無関係である。さきにふれた『エヌーマ・エリシュ』の伝統を受け継ぎ、三つの同心円が一二の月に分けられ、それぞれの月が右に述べたように南北に三つの部分に分けられている。『ムル・アピン』も同様に天を一二の部分に分け、赤道の南北一七度以内の「アヌの道」に二三個、その北の「エンリルの道」に三三個、南にある「エアの道」に一五個の星をあてている。

天文日誌

さらに最近出版された重要な資料として「天文日誌」と呼ばれるものがある。マルドゥク神をまつるバビロンのエサンギル神殿に保存されていたものであり、年代がわかっている最古のものは紀元前六五二年、最も新しいものは紀元前六一年のものであるから、この地方の支配権がアッシリア帝国、新バビロニア帝国、アケメネス朝ペルシア、セレウコス朝ペルシアとめまぐるしく交代していった時代を生きのびてきたものである。この日誌の内容は大きく分けて月、惑星、二至二分、シリウスの見伏、流星と彗星、気象、物価、川の水位、歴史的な出来事の八項目からなる。月や惑星の位置を示すためには、およそ三〇個の恒星が用いられている。これらの星は黄道の近くにあるが、必ずしも均等に並んでいるわけではなく、空白の場所もある。近年の学者はこれらを「基準星」と呼んでいる。

月の現象の中では、月の満ち欠けや出入の時間、月が通る基準星が記録されているが、最も重要なのは月食である。日付、食のはじめと中間と終わりの時刻、継続時間、影の進行方向などが詳しく述べられているので、歴史上実際に起こったものとしてその年代を確定することが可能である。月の表面がいくつかに分割され、それが地上の土地の区分と対応すると見なされていたので、影の位置や方向は重要な意味をもっていた。先に述べたプトレマイオスが用いたデータもこのようなところに源を発しているのかもしれない。

惑星に関しては、すでに述べた金星の場合と同じような「見伏」の現象が、金星、木星、土星、火星、水星のすべてについて記録されている。また惑星の近くにある基準星についても述べられている。

バビロニアの暦は「太陰太陽暦」に分類されるものであり、月の満ち欠けによって月を、太陽の運動によって年を決める。太陽の運動の目安となるのが春分と秋分、冬至と夏至である。またシリウスの「初見」、つまり太陽の光から脱してはじめて夏のころ夜明け前の東の空に見える「ヒライアカル・ライジング」と呼ばれる現象は、エジプトでも古くから観測されていたが、メソポタミアでも太陽年のひとつの区切りを示すものとして重視されており、この日誌のテーマのひとつでもあった。

「日誌」に見られる彗星の記録のうち、セレウコス暦一四八年（紀元前一六四―三年）と二二五年（紀元前八七―六年）のものはハレー彗星とみなして間違いないといわれている。

気象のなかでは、霞、雨、雲、稲妻、雷鳴、もや、霧、露、虹、太陽と月にかかる暈《かさ》などが記録されている。

物価については、大麦や羊毛のような生活必需品の値段が需要と供給の関係によって毎月変動する様子が知られる。ユーフラテス川の水位もその毎月の変化が記録されている。これらは国家を運営していくうえで重要な要素であった。

興味深いことに、「日誌」は歴史的な事件についても言及している。たとえば、次に述べる紀元前六五二年の「日誌」の最後のあたりに、「シッパルの地方のヒリトゥで、バビロニアの軍隊がアッシリア軍と戦い、バビロニアの軍隊は大敗を喫して退却した」という記録がある。

わたしにとってさらに興味深いのはこれら占いのために用いられる材料がほとんどすべてインドのヴァラーハミヒラの『占術大集成』にもみられるということである。先にふれたピングリー教授は、研究の早い段階からインドの占星術に対するバビロニアの影響を認める立場をとってきたが、最近ではますますその説に自信を深めているようである。わたしは自分で楔形文字の文献を読んで研究しているわけではないので、なんともいえないが、学んでいくほどにバビロニアとインドの類似性に出会って驚いている。ただし、似ているからといって一方から他方へ伝えられたと簡単に結論することもできない。また伝播というものは一直線ではなく、さまざまな流れが複雑に絡み合うのが常であることも注意しておく必要があるだろう。

紀元前六五二年の「日誌」

「天文日誌」のうち年代がわかっている最古のものの冒頭の一部を以下に紹介しよう。なお私のこの和訳はサックスとフンガーによる英訳に基づいていることを断っておきたい。［…］は欠損部分を示している。

［…］月は雲のなかで見えるようになった。明るくて高かった。夜の初めは曇り。一日の夜、川の水位が上がった。一日、太陽は暈に覆われた。二日の夜と二日は曇り。南の風が吹いた。三日は濃い雲。午後降雨。四日の夜と四日は降雨。六日の中ごろ、太陽が暈に覆われた。その暈は東で分かれた。七日、月が暈に覆われた。川の水位が上がった。一二日の夜、曇り。一二日、一三日、一四日、曇り。一四日、ある神が別の神といっしょに見えた。川の水位が下がった。水星はうお座の後ろで東の空における最後の「見」、土星もうお座の後ろで最後の「見」だが、曇っていたので見えなかった。一七日、朝は曇り。雷鳴、南の突風、雨、石（のような霰）。火星がさそり座の唇のあたりで「留」になり、さそり座の頭の明るい星に接近。二二日から二四日にかけて、［…］。二五日には火星はさそり座の右側の星の東に。川の水位が上がった［…］。

ここで「一日の夜」の次に「一日」とあるのは、メソポタミアの暦では一日の始まりが日没だったからである。この習慣はイスラームの暦に受け継がれ、現在にまで至っている。

天体の位置

紀元前八世紀のメソポタミア地方では、天をいくつかの部分に分け、特徴的な星座や恒星が、月や惑星の位置を示すために用いられるようになり、数理化への準備はできつつあった。

月と惑星の位置を示すために用いられた星座のうちよく知られているものをあげると、「星たち」（プレイアデス）、「天の牡牛」（おうし座）、「アヌの羊飼い」（オリオン座）、「老人」（ペルセウス）、「大きい双子」（ふたご座）、「蟹」（かに座）、「ライオン」（しし座）、「天秤」（てんびん座）、「蠍」（さそり座）、「弓を引く上半身をもつもの」（いて座）、「雇われ人」（おひつじ座）などである（コッホ＝ヴェステンホルツ『メソポタミアの占星術』参照）。

このように、後に十二宮として用いられることになる一二の星座はすでに知られていたが、経度で三〇度の広がりを示す座標としての十二宮はまだ成立していなかったし、天の一周を三六〇度とする「角度」という単位はまだ知られていなかった。天体の位置関係は、地上の物体と同じように、「前・後」または「上・下」で表現され、その距離は「腕尺」やその二四分の一の「指幅」などの単位であらわされている。これらの術語の意味が確定しないかぎりテキストの解釈は困難であり、記録を精密な数理天文学の材料として扱うことはできなかった。

しかし右に述べた「日誌」の場合は、そこに見られるおよそ三千の天文データが最近すべてコンピュータに入力され、整合的な解釈が試みられるようになった。そのような研究によると、「日誌」の場合、「腕尺」は角度に直すと二度から二度半以内に対応していること、「前後上下」は後の黄道座標上のそれにつながることがわかってきた。このように天文学の数理化の準備は整いはじめたが、それが真の意味で完成するのがメソポタミア天文学・占星術の最後の局面である。

3　ホロスコープ占星術の誕生

最古のホロスコープ

狭い意味での「天文学」を「数理天文学」であるとすると、天体の位置を座標によって表すということがその出発点であったということができる。その座標の確立はまた狭い意味での占星術、つまりホロスコープ占星術の始まりであったともいえる。そのことを如実に語っている一枚の粘土版がある。これが「世界最古のホロスコープ」と呼ばれるものである。この粘土版はある子供の誕生時の天体の位置を示したものであり、年代を確定できるに足るだけの情報が与えられている。この粘土板を最初に研究したのはサックスであるが、ロッホベルグの最近の書物にも英訳があるので、両者を参照して訳すと次のようになる。頭の数字は行番号である。

一　ニサンヌ月の一四日の夜、

二　デーケーの子孫でシュム・イッディナの息子であるシュム・ウスルの息子が生まれた。

三　そのとき月はさそりの「鋏」に、
四　木星はうおに、金星は
五　おうしに、土星はかにに、
六　火星はふたごにあった。
七　水星は「伏」しており見えなかった。（後略）

これだけのデータがあればこの「ホロスコープ」の年代は次のような手順によってほぼ確定することができる。まず土星の対恒星周期はほぼ三〇年であり、木星のそれはほぼ一二年であるから、「土星」が「かに」にありかつ「木星」が「うお」にあるような年は六〇年に一回しかめぐってこない。そのような年でかつ火星が「ふたご」にある年はいっそう限られる。金星が「おうし」にあるということからさらに絞りこむことができる。最後に月の位置からこのホロスコープのおよその時刻さえわかるのである。

このようにしてサックスはこのホロスコープの年代を紀元前四一〇年四月三〇日と推測した。かれは最初はあまりの古さに驚いて、他に可能性のある八つの年代についても計算してみたが、やはりこの年代がもっとも適切であるとの結論に達した。この日の惑星の位置をサックスは表2—1（次頁）のように導いた。サックスがこの粘土版を解読したころにはまだコンピュータは広まっていなかったので、天体位置計算表や天文年代学の表を用いて自分で計算しなければならなかったから、月や惑星の位置計算は容易ではなかっただろう。現在ではありがたいことに、パソコンで簡単に利用できる便利なソフトがあるので、容易にチェックすることができる。わたしはバビロニア（東経四四度）の地方標準時一時に設定して「ステラナビゲータ」で確かめてみた。テキストに「月はさそりの鋏に」とあるが、これはさそり座の「鋏」にある二つの星、つまりてんびん座のαとβであり、それぞれの当時の黄経は一九六度と二九一・七度になり、「ステラナビゲータ」によると、月がこのあたりにあるのはサックスの計算よりもおよそ一日前、すなわち紀元前四一〇年四月二九日午前一時頃であり、惑星の位置は表2―1のようになった。

惑星	サックスの計算 (4 月 30 日午前 1 時)	ステラナビゲータ (4 月 29 日午前 1 時)
月	208.06°	195;54°
木星	うお 20°（=350°）	349; 8°
金星	おうし 18°（= 48°）	45; 3°
土星	かに 13°（=103°）	101; 3°
火星	ふたご 17° （= 77°）	76;55°

表 2–1　紀元前 410 年の惑星の位置

なお「ステラナビゲータ」の値は六〇進法で示してあり、たとえば195;54°は「一九五度五四分」を意味する。同ソフトによるとこの時刻の月齢は一三・七であり、サックスは原文の「一四日」の部分に疑問符をつけているが、その解釈でいいと思われる。このようにサックスの解読により、この粘土版が世界で最も古いホロスコープであるということになった。惑星の度数は与えられていないものの、これはまたバビロニアで十二宮が座標として用いられた最古の例でもある。まさにこのころ占星術は数理化されようとしていたのである。

この例をみても明らかなように、占星術と天文学は最初は区別できるものではなかった。バビロニアの数理天文学は純粋に理論的な関心から起こったというよりは、未来予知学としての占星術をより確実な数理的なシステムへと改良していく過程で生まれたのではなかろうか。

ノイゲバウアーは「正確に三〇度ごとの区切りによって太陽と惑星の進行をはかる明確に定義された大円（黄道）が導入されたのは、数学的な理由のためにすぎない。実際十二宮は計算のためにのみ必要で、そしてもっぱらそのために使われた数学的理想以外のなにものでもなかった」といっている（『古代の精密科学』和訳九四頁）。そしてこの方法と並んで、目に付きやすい明るい星を基準にして「指幅」などで位置を示す初歩的な方法がローマ時代のギリシアのホロスコープにも用いられていると付け加えている。古い方法は新しい方法が発見されてもただちに取り代えられるわけではなく、さまざまな形で生き残っていく。とくに占星術には保守的な傾向があり、天文学の古い要素を残す傾向がある。わたしが天文学史の一部として占星術の歴史を学び始めたのはこのような側面をノイゲバウアーから学んだからである。

この粘土板でもうひとつ注意したいのは、これが「シュマ・ウスルの息子」が生まれた時の惑星の位置だということである。それまでの前兆占いはすべて王のため、国家の運命を占うものであった。もちろんこの「息子」も国家の重要人物かもしれないが、ある個人の誕生時の天体の位置によってその人物の将来を占うという出生占星術がここではじめて輪郭をとりはじめたのである。

出生記録

ロッホベルグによると、ホロスコープと似てはいるが、誕生の時刻の惑星の位置ではなく、出生の日の数ヵ月以内に起こった「惑星現象」を記録している粘土板もある。そのうちいちばん古いものは、「ダリウス［二世］の一三年、テベートゥ月（第一〇番目の月）の二四日」と日付が明瞭に記されている。この年は偶然の一致かどうかわからないが、右に述べた世界最古のホロスコープと同じ年、つまり紀元前四一〇年にあたる。日付をさらに詳しくいうと、一月一二日から一三日にかけてである。ここには先行する冬至の日付のほか、水星、金星、木星、土星の「見」「伏」「留」「衝」などの現象のうち、この出生の日の前後で近接するものが記録されている。先に述べた「アミサドゥカ王の金星観測」のように、メソポタミアでは古くから惑星の「見伏」が占いの対象になっていたが、この出生記録の粘土版は生まれた子供の個人の運命を占うものであり、ホロスコープに近いといえる。ただし最古のホロスコープ同様占いの内容は書かれていない。

十二宮

バビロニアのホロスコープに用いられている黄道座標としての十二宮の名称を直訳すると、表2―2のようになる。これらの多くはそのままギリシアに伝えられ、神話のなかに融合していくが、「おひつじ」や「おとめ」「みずがめ」「うお」に相当することばはまだ用いられていなかったようである。「いて」に対応するはずの語のアッカド語の意味は不明のようであるが、上半身が弓を引く男で下半身が馬であるような図像が紀元前一二〇〇年頃のメソポタミアの境界石に刻まれ、その近くに蠍の図像も描かれているので、「いて座」の図像はメソポタミア起源であるといえるだろう。しかしギリシアにも同様の姿のケンタウロス座がある。メソポタミアの「いて座」はギリシアに入って「ケンタウロス族」の仲間になった。

おひつじ	雇われ人	てんびん	天秤（複数形）
おうし	天の雄牛	さそり	蠍
ふたご	大きな双子	いて	不明
かに	蟹	やぎ	山羊魚
しし	ライオン	みずがめ	偉大なもの
おとめ	溝	うお	尾（複数形）

表 2–2　バビロニアの十二宮の意味

占星術は連想が織りなす世界観に基づいて体系化されたといえるが、天空に読み取られた図像は連想の体系にとくに大きな影響を与えた。まず古代バビロニアの人々が読み取って連想した図像が原型になり、次にこれがギリシアで神話に組み込まれて大きく展開し、数理天文学の要素としてもしっかりと位置づけられた。これがインドに伝えられ、インド的に変化し、さらに仏教に取り入れられ、中国を経て伝播の終着駅である平安時代の日本に伝えられ、先に見たような星曼荼羅の図像になった。十二宮はいずれの文化圏でもその文化に影響を与え、また影響を与えられて変容したが、その出発点はバビロニアにあったのだ。

文化の伝達の証拠となる材料はさまざまであるが、占星術は絵画や建築にも劣らぬほどその足跡を明瞭に残している。占星術が文化交流史にとっていかに有効な材料になるかは本書のいたるところで明らかになるはずである。

周天度数と六〇進法

バビロニアの数学の特徴のひとつに六〇進法がある。六〇進法は天文学が数理化されるはるか以前から数学テキストで用いられていた。数学については室井和男さんの『バビロニアの数学』(東大出版会、二〇〇〇年)というすばらしい本があるので、これを参照してほしい。このようなレベルの高い書物を日本語で読めるのはありがたいことである。願わくばバビロニアの天文学や占星術についても、室井さんのように一次資料を用いることのできる日本人研究者がはやく現れてほしい。

数学に比べると天文学・占星術で六〇進法が用いられるのは遅い。まず天の一周を三六〇度とするようになったのと十二宮の成立とはほぼ同時と考えていいだろう。一年を一二か月に分け、一月を三〇日に分けるという単純な分割法は、天体の運動を忠実に反映するわけではないが、理想化された単位として、メソポタミア以外の古代文明でも用いられていた。

たとえばエジプトでは一月を三〇日とし、三六〇日を一年とするが、それでは五日不足するので、これを一年の最後において祝祭日とした。

インドでも「ヴェーダ」文献で一年を三六〇日とみなしている部分がある。また一月を人為的に三〇に等分して「ティティ」と呼んだ。興味深いのは、メソポタミアでも「ティティ」とまったく同じ単位が天体位置推算表に用いられているにもかかわらず、それに対することばがまだ発見されていないことである。そのため、ノイゲバウアーはインドのことばを借りて「ティティ」をバビロニアの術語として用いている。

時間としての一月を単純に三〇の部分に分けるというアイデアは、空間としての一宮を三〇の部分に分けるというアイデアにつながる。そうすると一年の概数が三六〇日であるように、天の一周も三六〇の部分に分けられることになる。メソポタミアでは惑星の位置推算表でもホロスコープでも、惑星の位置（黄経）は「宮」と「度」で表現され、三〇度を越える度数は用いられない。つまり、たとえば「七八度」とは言わずに、「二宮一八度」という表現が用いられることになる。

天の空間的な分割と時間的な分割の対応は中国にも見られるが、中国の場合は、一年の長さのほうを優先し、これを日数で表したものをそのまま周天度数とみなす。このとき概数を用いることはなく、たとえば四分暦という最も古い暦法では、一年の長さを三六五日と四分の一とするので、天の一周も三六五・二五「度」になる。また日本にも伝えられた有名な宣明暦では一年の長さは $365\frac{2055}{8400}$ 日であるから、周天度数はおよそ三六五・二四四六「度」になる。バビロニアでは空間度数を優先して固定したのに対して、中国では時間の単位である日数を優先したといえるであろう。

バビロニアではこのように「宮」「度」が単位として定まると、度に満たない部分も徹底して六〇進法で表現されるようになる。これは数学テキストにおいて端数部分を徹底して六〇進法の少数で表現するという長い伝統があるから当然であったといえる。

このようにバビロニアの数学で始まった六〇進法の習慣は天文学・占星術に取り込まれることによって、時法の重要な一部になり、ヘレニズム世界全体に広がり、現在でも「時」の下の二つの単位である「分」と「秒」というかたちで用い続けられているのである。

バビロニアのホロスコープ

最近の研究によると、楔形文字で粘土板に書かれたホロスコープのうち現存するものは三〇個程度にすぎない。そのうちの最古のものはすでに述べたように、紀元前四一〇年のものである。これは特別古く、多くは紀元前三世紀に属する。いちばん新しいものは紀元前六九年である。これらのホロスコープが実際にどのように「解釈」されたのかを伝える資料はない。のちにホロスコープの解釈に用いられる専門的なテクニックがどの程度知られていたのかもまだわからない。というよりもむしろ、まだ「出生占星術」としてのシステムは確立していなかったというのがピングリーの主張である。狭い意味でのホロスコープ占星術は、次章で述べるように、バビロニアで形成された基礎に、ギリシアの宇宙論とアリストテレス的な自然観が重なりあってはじめてシステム化されたのである。

バビロニアのホロスコープのなかには惑星の位置を「宮」「度」で与えているものもあるので、それらを現代の天文学の理論で計算した位置と比べてみると、相違はプラスマイナス三度程度におさまっているという。しかし、これらのホロスコープの作成者がどのような方法によって天体の位置を求めたのかはまだ不明である。ノイゲバウアーが解明したバビロニアの数理天文学では、「ジグザグ関数」と「階段状関数」によって惑星の位置が時間の関数としてかなりの精度で求められ、数年にわたる「天体位置暦」が計算によって作成されていたこともわかっているが、現存するホロスコープは計算されたものというよりは、観測されたものとみなしたほうがいいだろう。それは先に見た最古のホロスコープに「水星は見えず」とあるところからも推測できる。そうすると数理天文学とホロスコープは別の伝統に属するという見解も成り立つ。

いずれにせよ、バビロニアの占星術が数理的な未来予知学としての先鞭をつけて、同時代の地中海世界に大きな影響を与えたことは事実である。かくしてバビロニアの星の学者は最先端の科学を身につけた「カルデア人」として多大の尊敬を集めることになったのである。

惑星の配列

バビロニアの天文学・占星術資料で惑星が列挙されるとき、その順序は新バビロニアの時代には「木星、金星、土星、水星、火星」であり、のちのセレウコス朝の時代には「木星、金星、水星、土星、火星」になる。前者はプトレマイオスが占星術の用語である「区界」に関して「カルデア人によるもの」と呼ぶ順序である（第三章3節参照）。この順序の土星と水星を入れ替えると後者になる。こうして並べると、占星術の理論ではふつう木星と金星が吉星、水星が中庸、土星と火星が凶星であるから、吉凶の順番であるということができるかもしれない。あとで見るように惑星の配列順序は曜日の順序にもかかわる問題なので、ここで注意を促しておきたい。

第三章　ヘレニズムの占星術

1　宇宙論と占星術

われわれは小学校以来の「教育」によって、地球が太陽系の惑星のひとつであること、その太陽系は銀河系のほんの一部にすぎないこと、さらに「天球」といったようなものは実在しないことを知っている。しかし一方では、地球儀と同じように「天球儀」を用いて星座の位置や日周運動を学ぶことができる。またこれを簡単にした「星座早見盤」は小学生のときからおなじみだ。つまり、いちばん地球に近い恒星はおよそ四光年で、遠い星は何億光年のかなたにあるにもかかわらず、すべての恒星が地球から等距離のところにへばりついている天球を仮定することができるのである。天文学ではこのように、現実的な物質世界と、数学的な説明道具は異なっているのである。

バビロニアの天文学は関数的であり、幾何学的なモデルをいっさい必要としなかった。つまり天文学は物理的な宇宙構造論とは別に存在することができた。それと同じように、占星術も宇宙の構造とは直接の関係なしに成立しうるものであった。

天文学と占星術が宇宙論から切り離せない関係になったのはギリシアにおいてであった。とくに同心球宇宙論は占星術に理論的な根拠を与えることになった。この「天球」という概念は、大地が球形であることを知った人々の類推《アナロジー》から生まれたといわれる。われわれが「地球」ということばを用いるときすでに「球」が前提になっているが、古代の宇宙生成神話や宇宙構造論を比べてみると、「大地」が「地球」として最初に登場するのは古代ギリシアにおいてであることがわかる。

地中海を縦横無尽にかけめぐる海洋民族であったギリシア人は、水平線のかなたにまず山の頂上が見えはじめ、次第に中腹、民家、海岸線などが見えるようになるところから、海も曲がっていること、さらに大地全体が球形であることに思いいたったのであろうといわれている。さらに月食のとき月面に映る大地の影が円形であることも「地球」概念を支持することになった。それはおそらく紀元前五世紀の終わりごろであったであろう。というのはそのころ活躍していたデモクリトスは大地は円盤状であると見なしていたが、かれのすぐ後のプラトンは「地球と天球」を前提としてイデア論を展開しているからである。

プラトンは『ティマイオス』で時間について論じ、

時間が生み出されるために、神が時間の生成に対して考えた、その計算と意図から、太陽と月と、その他「惑星（彷徨する星）」という呼び名をもつ五つの星々が、時間の数を区分し、これを見張るものとして生じたのでした。そこで神は、そのそれぞれの星の身体を作ってしまうと、（中略）それらを、あの回転運動へと置きました。つまり、七つある円軌道へ、七つある身体を置いたのです。（岩波書店『プラトン全集』）

と述べている。

イデアの世界にある天体は完全な円運動をしているはずであるのに、実際目に見える運動は不規則である。プラトンに帰せられる有名なことばである「現象を救う」とは、見かけのうえの不規則な運動は、イデアの世界では完全な円運動であるということを、幾何学によって説明することを要請したものであった。

この要請にいちはやく答えようとしたのがプラトンの弟子で数学者のエウドクソス（紀元前四世紀前半）である。かれは天体のすべての運動を最も合理的に説明しうるのは円運動であると考え、地球を中心として、太陽、月、五惑星のそれぞれを載せる天球と、さらにそれらの外側に恒星をちりばめる天球を想定した。実際それによって説明できる現象は多かった。たとえば毎夜出

図 3–1　同心球宇宙に君臨するエリザベス女王
(平凡社『イメージの博物誌』)

没する星座と恒星の変化、昼夜の長さの変化、土地の緯度による日照時間の違いとそれにともなう季節の変化などはすべて「地球と天球」によって説明できる。このような現象は現在でも「天球座標」を用いて説明する。このアイデアが少し後にアリストテレスによって受け継がれると、同心球はたんに説明のための幾何学的モデルではなく、「実在するもの」と見なされ、そのような考え方が古代から中世に至るまでヨーロッパの宇宙論と天文学を支配することになったのである。

現在の宇宙論ではまったく認められない「円」と「球」という大前提が、ヨーロッパの天文学をおよそ二千年間にわたって支配し続けたということは興味深い事実である。地球中心説から太陽中心説へと宇宙論における大転換をなしとげたコペルニクスでさえ円の束縛から逃れることはできなかった。「円」という先入観からはじめて脱却したのは楕円軌道を発見したケプラーである(その背後にかれに精密な観測データを提供したチコ・ブラーエの存在があったことを忘れてはならない)。

バビロニアでも中国でも数理天文学者の努力は天体の位置を時間の関数として表すことに向けられており、そのためには幾何学的なモデルをいっさい必要とはしなかった。しかしギリシアのように天球によって地球が閉じ込められているという前提にたてば、天球の影響が地球に及ばないと考える方が不自然であり、このような宇宙論こそ占星術を学問として根拠づけ発展させることになったのである。

2　ヘレニズムという時代

マケドニアの王アレクサンドロスは世界制覇をめざして各地を制圧し、インダス河上流まで達したが、疲弊した兵士たちをそれ以上進軍させることはできず、引き返し、紀元前三二三年にバビロンで病死した。その足跡に沿ってできた広大な領域でギリシアと東方世界の文化が融合した。それがヘレニズム文化である。バビロニアの関数的な天文学とギリシアの幾何学的な天文学とが合体したのもヘレニズム時代の産物である。

それ以前にもバビロニアの優れた知識がギリシアに取り入れられていた。有名な例が「メトン周期」と呼ばれるものである。これは太陰暦と太陽暦の関係を調節するために一九年間に七回の閏月を挿入するというもので、これを採用することを提案したギリシアのアテナイ市民の名前でそう呼ばれている。メトンがこの方法を提案したのは紀元前四三二年であるが、バビロニアではそのおよそ五〇年前にこの周期が知られており、メトンがバビロニアの暦から学んだ可能性が大きいといわれている。

もっとも中国でも「一九年七閏の法」は「章法」と呼ばれ、紀元前六世紀には知られており、これは中国独自のものと考えられるから、ギリシアでも独自に知られた可能性を否定することはできない。しかしギリシアでは暦法そのものが未発達で、メトンの提案も採用されなかったというから、やはりメトンがバビロニアの情報を手に入れたと考えたほうがいいだろう。バビロニア（正確にはアケメネス朝ペルシア）は、当時では星に関する科学の先進国であり、この点に関しては、ギリシアは後進国であったのだ。

しかし異文化を貪欲に吸収していく民族は、やがて与える側に匹敵するような文化を築きあげていく。あたかも水が高いところから低いところへ流れていくように、時の流れとともに水位は接近していく。流入を止めることなく貯水池をうまく管理することによって、水位を高いまま保ち続けることもできる。ヘレニズム文化はギリシア、メソポタミアだけでなく、エジプトの文化の流れも吸収して高いレベルに達し、それを維持し、さらにそこからさまざまな新しい流れが流出していくような大きな貯水池になったのである。

いまのことばでいえば、ヘレニズムは人類の歴史で最初の「グローバリゼーション」の場であった。両アメリカ大陸はまだ知られていなかったが、その地理的な範囲の広さと文化の伝播の速さは、当時の交通・通信手段を考えると驚くべきものであった。「ヘレニズム」は字義どおりには「ギリシア化」であるが、ギリシア的な価値観が優越して支配したというわけではなく、実際は異なった文化がそれぞれの特質を維持しながら融合していったのである。

ギリシアの星座

十二宮を中心とする黄道座標とともにメソポタミアの星座の多くもギリシアに伝えられたが、ギリシアでも古くから星空に関心がもたれていたことは紀元前七世紀ごろの詩人ヘシオドスの『仕事と日』という作品からうかがうことができる。とくに農耕生活に重要なのは季節の変化であり、それをはっきりと示すのは四季のおりおりのめやすとなる星座や恒星であった。しかしこの作品に見られるのはプレイアデス（昴）、セイリオス（シリウス）、アルクトゥロス、オリオンなどわずかなものに限られている。

十二宮の名前がみられる最初のギリシア語資料は、先に述べたエウドクソスの『パイノメナ』の断片である。ギリシア人の星座に関する知識がはじめてまとめられたのは、アラートス（紀元前二四〇—一七〇年頃）がやはり『パイノメナ』というタイトルで著した天文詩である。ここには四五の星座がとり上げられている。

星座のうらおもて

ここで興味深いのは、アラートスの星座の描写に左右をとりちがえているところがあり、その理由として、かれが星座図とともに天球儀も座右に置いていたと考えられていることである。たとえばアラートスは北極近くのりゅう座について、

　その頭は傾き、ほとんど大熊の尾の先端におじぎをしているように見え、その口と右のこめかみは、［大熊の］尾の先端と一直線になっている。

と語っているが、これに対して注釈を施した紀元前二世紀後半のヒッパルコスは、

　右のこめかみではなく、左のこめかみが竜の舌および大熊の尾の先端と一直線をなしているのである。

と批判している。そして竜の頭が宇宙の内側ではなく外側に向けられていると主張するのはとうてい信じられないとして、その理由を、

　星座はすべてわれわれの観察のために、われわれの方向に向けられて、諸々の星によって構成されている。もっともそれらのうちいくつかは横顔であるが。

と述べている。これに続いてヒッパルコスは、竜の頭を踏みつけているヘルクレスについて、踏み

つけているのは左足でなければならないのに、アラートスは右足にしていると批判している。

このような左右のとりちがえは、天球儀に描かれる星座と実際に大空に見える星座の違いから起こったと説明すると納得ができる。実際ヒッパルコスがあえて星座が「われわれの観察のために」つくられているといった背景には、天球の外にいる神の目で見る天球儀とは違うのだということを読者に意識させるためであったと思われる。

このように、星座の図絵にはわれわれが空を見上げたときに見えるおもての図像のほかに、天球儀に描いたうらの図像があった。このような星座のうらおもてはイスラーム世界から中世ヨーロッパへと受け継がれていった。イスラーム世界でもっとも影響力の大きい星座の書物を書いたアッ・スーフィー（九〇三―九八六年）は、四八の星座すべてについておもての図とうらの図を描いている。このとき、ほんとうの意味でのうらの図像では人物などが背中ばかり見せることになることをおそれたアッ・スーフィーは、多くの図を鏡映しになるように変更している。この場合は、左右がすっかり逆になっている。またドイツのデューラー（一四七一―一五二八年）の星図にもこのような二種類が見られる（野尻抱影編『星座』参照）。

歳差の発見

アラートスの『パイノメナ』を厳しく批判したヒッパルコスはギリシア天文学の基礎を作った

人物である。ヒッパルコスに帰せられる業績はたくさんあるが、とくに大きいのは四八星座の確立と歳差の発見であろう。これらに関するかれ自身の著作は残っていないが、後のプトレマイオスが『アルマゲスト』を著したとき、もっとも大きなより所としたのはヒッパルコスの仕事であった。とくに『アルマゲスト』の第七巻と第八巻にまとめられている四八の星座はヒッパルコスの観測に基づくものであり、プトレマイオスがどこまで自分自身で観測をしたのかが現在では疑問になっているくらいである。

ヒッパルコスによる歳差の発見は占星術の歴史にとって大きな意味をもつものであるから少し詳しく説明しよう。

プトレマイオスが『アルマゲスト』第七巻で述べているところによれば、ヒッパルコスはおとめ座のα星（スピカ）を観測し、その位置が昔の記録と異なっていることに気づいた。かれよりおよそ一七〇年前のティモカリスの観測によれば、スピカは秋分点の西側八度のところにあったのに、自分の観測では秋分点の西六度だったのである。つまり秋分点を基準とするとスピカは二度だけ西から東へ移動していることを発見したのである。プトレマイオスはその他の恒星についても、ヒッパルコスの観測記録と自分自身の観測を比較し、最終的に天球全体が一〇〇年に一度西から東へ動いていると考えた。つまり春分点や秋分点を固定させ、恒星球全体が惑星と同じ方向に運動していると考えたのである。

この運動は現在では「歳差」と呼ばれる。地球は北極と南極を通る軸のまわりを回転しているが、その軸そのものがコマの首振り運動のように少しずつ回転移動しているので、地球の極軸の延長である天の両極も移動する。したがって天の北極近くにたまたま明るい星があればそれを「北極星」と呼ぶことができるが、「北極星」にふさわしい星がない時代もあったのである。現在は幸いにも、こぐま座のα星がその役割を果たしてくれている。天の北極と南極から九〇度離れたところを通る大円が天の赤道である。

そこで恒星天球のほうを固定すると、天の赤道と、太陽の通り道である黄道との交点である春分点は「逆行」つまり、日周運動と同じく東から西へ運動していることになる。この運動はおよそ二六〇〇〇年で一周するから、七二年に一度の割合であるが、ヒッパルコスやプトレマイオスはこれを一〇〇年に一度とみなしたのである。

十二宮の定義

歳差の発見が占星術の歴史にとって重要なのは、それが「十二宮」の定義にかかわるからである。バビロニアで十二宮が成立したことはすでに述べたが、二分点（春分点と秋分点）や二至点（夏至点と冬至点）が十二宮の初点にあるとみなされていたわけではない。たとえば春分点をおひつじ宮の八度とするものが多いが、テキストによってはおひつじ宮の一〇度、一二度、一五度などを春分点として用いるものもある。歳差の発見によってはじめて春分点からはじまる三〇度が「おひつじ宮」と定義され、以下黄道に沿って三〇ずつ等間隔に切っていく新たな黄道座標が確立したのである。つまり実際の星座と数学的な座標がはじめて分離したのである。

紀元前後のころには「おひつじ座」の初点にあったはずの春分点は後退した結果、現在では「うお座」の初めのほうにある。したがって実際の星座の名前と、座標としての十二宮の名前とは区別した方がよい。現在世の中に出回っている占星術関係の書物でも、テレビやインターネットの「占いコーナー」でも、「座」と「宮」を区別しているものは少ないが、区別する場合には「白羊宮」「金牛宮」のように普段使いなれない漢字が用いられることが多い。

わたしは本書のように、星座の場合は「おひつじ座」のように「座」を用い、十二宮の場合は「おひつじ宮」のように「宮」を用いることにしている。

この区別は占星術を考えるうえで本質的な問題を含んでいる。なぜかというと、十二宮が地上のものに影響を与えるとしても、それが恒星によるものなのか、それとも太陽によるものなのか、という問題に帰着するからである。この問題はインド占星術の重要な特徴にかかわることなので、あとでもう一度とりあげる。最近では西洋占星術でも「恒星座標」を用いる流派があるというが、その場合は「座」と「宮」の関係をある時点で固定することになる。

3　同心天球と曜日の順序

惑星の配列

すでに述べたように、バビロニアでは五惑星には二種類の配列があったが、宇宙論とはまったく関係のないものであった。エジプトでは「木、土、火、水、金」の順に列挙されるが、これも宇宙論とは無縁である。

現代では「惑星」というと、小学生が口ずさむように、「水、金、地、火、木、土、天、海、冥」である。これらのうち、冥王星、海王星、天王星、は望遠鏡でなければ見えず、古代天文学では知られていなかった。

古代ギリシアでは恒星とは異なった振舞いをする明るい星が五つあることは早くから知られていた。先に引用した『ティマイオス』において、プラトンは「放浪者（惑星）と呼ばれる五つの星」にふれている。英語の「プラネット」の元になったギリシア語の「プラネートス」は「さまよう」という意味の動詞に由来している。のちの占星術では太陽と月も「惑星」の仲間に入れて、七惑星と見なすのが普通である。

このような「惑星」の意味に大きな変化をもたらしたのはコペルニクスの太陽中心説である。古代では宇宙の中心であった地球が、五つの惑星と変わらないものになり、地球にとって代わって太陽が宇宙の中心に位置することになったのだ。「惑星」は、同じことばでも時代と世界観によって意味が変わるという典型的な例である。

地球中心説の場合、七つの惑星の配列順序はなかなか定まらなかった。これは当然といえば当然である。なぜなら水星と金星も地球と同じように太陽のまわりを回っているのであるから、地球からの距離は時には太陽よりも遠くなり、時には近くなる。したがって［太陽、水星、金星］の三つの天体の順序にさまざまな説が登場したわけである。順列で考えると六通りの位置関係が可能であることになる。一方［土星、木星、火星］の順序はだれもが認めるところであった。

アリストテレスは『天体論』（二巻一〇章）で

> 諸惑星の順序については、あるものは前、あるものは後という具合におのおのの星が運動しているそのしかたはどうか、また［最外の天から］はなれている相互の距離はどのようであるかを、天文学書の中からとりだしてみてゆこう。（岩波書店『アリストテレス全集』）

と述べているが、実際にその順序を明言していない。

アルキメデスは地球からの距離の順序として、

土、木、火、**水**、**金**、**太**、月

土、木、火、**太**、**水**、**金**、月

という二通りをあげている。このうち前者はプラトンが採用したものとされている。一方地球の大きさを測ったことで知られるエラトステネスは、

土、木、火、**金**、**水**、**太**、月

の順序を提唱したといわれている。そのほか、

土、木、火、**水**、**太**、**金**、月

という説もあったという。

惑星の配列順序が定まるためには、会合周期の研究が必要であった。プトレマイオスは『惑星の仮説』という書物で最終的に

土、木、火、**太**、**金**、**水**、月

という順序を採用し、これがコペルニクスに至るまでの同心天球の順序として確立することになった。図3—1「同心球宇宙に君臨するエリザベス女王」（三四頁）の図もこの順序である。この順序自体はプトレマイオス以前の「天の現象にすぐれた人々」によって認められていた。たとえば、ローマのキケロ（紀元前一〇六—四三）、建築家ヴィトルヴィウス、博物学者プリニウス、『英雄伝』の著者プルタルコスなどである。いずれも西暦紀元前後の一世紀に属する人々であることに

注意しておきたい。いずれにせよこの順序が定まらないかぎり、われわれが用いている「曜日」の順序は定まらないのである。なぜなら、「曜日」というのは惑星が日を支配するという占星術の理論から導かれたものであり、その理論の背後にはエジプトの時法とならんでギリシアの同心天球の配列があるからである。

4　エジプトの役割

星の信仰

星の信仰が盛んであったエジプトでは、死後も生前と同じような祈りの生活ができると信じ、ミイラを納めた棺桶の蓋にも星への祈りを記した覆いをかぶせた。有名なのは「星時計」または「対角線カレンダー」と呼ばれるものであり、夜ごとの時刻の目安となる一二の星が一〇日ずつ、三六五日にわたってパターン化された巻物になっている。一〇日ごとに役割を変えていく星は「デカン」(旬日星)と呼ばれる。それらの中でとくに有名なのはシリウスであり、この星が夜明け前の東の地平線上にはじめて見えるようになる「ヒライアカル・ライジング」という現象は古王国の時代から観測されていたようである。「星時計」ができた時代にはこの現象が起こる日はエジプト暦の最初の月であるトート月の第一日と一致し、それはまたナイル河の氾濫を告げるものであった。

ギリシアの歴史家ヘロドトスが「エジプトはナイルの賜」といったように、肥沃なナイル河のデルタに栄えたエジプトにとって太陽暦こそ農事暦としてふさわしいものであった。われわれが現在用いている太陽暦の起源はエジプトにある。

エジプト暦の一年はちょうど三六五日からなるが、シリウスのヒライアカル・ライジングの周期は、もっと正確には三六五日と四分の一日なので、暦日と天文現象はしだいにずれていった。一年につき四分の一日の差であるから、一四六一エジプト年たつとちょうど一巡りして一年の差になる。これがシリウスのエジプト語表現によって「ソティス周期」と呼ばれるようになったのである。

占星術では「デカン」は一〇度の広がりを意味する重要な単位にもなる。天は三六の「デカン」に分割されることになり、これはインドにも伝えられ、「ドレシュカーナ」と音訳される（六九頁の表4—1の23）。デカンは図像化され、おそらく仏教の天文文献に見られる「三十六禽」の元になったのであろう。ちなみに『広辞苑』にも「三十六禽」の項目があり、「一昼夜一二時の各時に一獣を配し、それぞれに二つずつ属獣がついた計三六の鳥獣。占いに用いられ、また仏教ではそれぞれの時に出現して修行者を悩ますという」とある。

夜が一二の部分に分けられるように昼も一二に分けられ、一昼夜は二四の「時間」からなることになる。現在われわれは一日を二四時間に分ける時法を採用しているが、その起源はエジプトの星の信仰にあったのだ。

曜日の順序

古代エジプトといってもヘレニズム時代になってからであるが、二四時間のそれぞれには「デカン」の恒星のほかに惑星も順に君臨することになった。そのときの順序として採用されたのが、先に述べたギリシアの同心天球の配列順序、すなわち、遠いものから並べて、「土星、木星、火星、太陽、金星、水星、月」であった。ある日の第一時間目から第七時間目をこの順で支配すると、その日の第八時間目から一四時間目までと第一五時間目から第二一時間目までも同様に支配する。第二二時間目から二四時間目までは、土星、木星、火星と交代してその日は終わる。次の日の第一時間目は太陽が支配することになる。このように、一日経過するごとに第一時間目を支配する惑星は同心球の配列で三つ目のものに代わることになる。

こうして、三つおきに取っていくと、「土、日、月、火、水、木、金」の順序になる。第一時間目を支配する惑星はその日全体をも支配すると見なされる。現在のような曜日の順序が成立するにはこのような宇宙論と占星術の背景があったのだ。

このような曜日の成立の背景を考えると、現在の曜日の順序が成立したのは早くても紀元前一世紀である。実際曜日の記述が現れる資料は紀元前後のころのものであることがわかっている。

なお西暦元年の一月一日は土曜日であるが、「キリスト紀元」を考案した人々はその起点となる日が、惑星のなかでもっとも外側、つまり神の世界に近いところにある土星が支配する日になるように配慮したものであろう。

5　『テトラビブロス』

紀元後二世紀にアレクサンドリアで活躍したプトレマイオスは天文学書『アルマゲスト』と『地理学』でよく知られているが、『テトラビブロス』という占星術の作品も残している。この作品の原題は別のものであったが、「四部からなる書物」という一般名称がそのまま書名として用いられるようになった。ちょうど「バイブル」（聖書）の語源がギリシア語の「ビブロス」にあり、「書物」を代表するものであるように、『テトラビブロス』は占星術書を代表するものとみなされていたといえる。

『テトラビブロス』の序文の冒頭でプトレマイオスは天文学によって未来を予知するための方法には二種類あるといっている。その最初のものは、それによってわれわれが太陽、月、星の運動の諸相を理解するものであり、第二のものはそれほど自立したものではないが、それらの諸相がまわりのものにもたらす変化を研究するものである。第一のものについてはすでにそのための書物である『アルマゲスト』で証明という手段を用いて語ったので、この『テトラビブロス』では第二の、あまり自立的とはいえない方法について、哲学的なやりかたで説明しようと述べている。現代のことばを用いると、前者は精密科学としての数理天文学、後者は経験科学としての占星術といえるだろうが、プトレマイオスは両者を統合する学問として「アストロノミア」ということばを用いている。

この書物において古代の占星術の道具立てと理論はほぼすべて出そろったということができる。第一巻では占星術の基本術語の説明をしている。第二巻は気候、地理、日月食など、特定の個人ではなく地域全体にかかわるものなので、「全般占星術」と呼ばれる分野に属する。第三巻はある特定の個人が誕生したときの天体の位置によってその人の運勢を占うものであるから、「出生占星術」と呼ばれるが、主な道具はホロスコープである。第四巻は結婚、出産、旅行など、重要な行為を開始するときの占いであるから「開始占星術」と呼ばれる分野である。

ここで『テトラビブロス』の内容のすべてを解説しても読者には退屈であろうから、文化交流史の観点であとで取り上げる話題に関連するものだけを取り出しておこう。

惑星の影響

ヘレニズム時代のホロスコープ占星術の特徴は、惑星の影響力を大きく評価することであり、その背後でアリストテレスの自然学と同心球宇宙論が大きな役割を果たしているということである。太陽が「熱」の性質を顕著にもつのにたいして、最も遠くにある土星は「冷」をその特質とする。同様に月が「湿」であるのにたいして土星は「乾」である。他の惑星は太陽と月からの距離に応じてその性質を賦与されている。『テトラビブロス』の第一巻第四章は七惑星の性質を説明する。そして五章から七章までは吉と凶、男女、昼夜の性質を導く。これらをまとめると表3―1のようになる。

惑星	性質	吉凶	男女	昼夜
太陽	熱と微乾	中庸	男	昼
月	湿と微熱	吉	女	夜
土星	冷と乾	凶	男	昼
火星	乾と強熱	凶	男	夜
木星	暖と湿	吉	男	昼
金星	暖と湿	吉	女	夜
水星	不定	中庸	中性	昼夜

表3–1　惑星の性質

恒星の影響力

第一巻第九章は「恒星の力」というタイトルで、恒星も惑星と同じような影響力をもっているとみなし、黄道上にある星、黄道より北にある星、黄道の南にある星の順に、恒星または恒星のグループをとりあげ、それらがどの惑星と同じ影響力をもつかを説明している。たとえば、黄道上のおひつじ宮にある星たちのなかでは、「おひつじ座の頭のところにあるいくつかの星は火星と土星の力が混在しており、おひつじ座の口のところにある星たちは水星の力と、おだやかな土星の力があり、後ろ足の星たちは火星の力があり、尾の星たちは金星の力がある」と述べている。このような考え方はイスラーム、ペルシアの占星術にも引き継がれ、重要な意味をもつようになった。あとで述べるように、ペルシア地方で大きな影響を与えた一〇世紀末のクーシュヤール・イブン・ラッバーンの占星術入門書と、その一四世紀の中国訳である『明訳天文書』でもこのテーマが論じられている。

転宮・定宮・二体宮

十二宮にはいくつかの分類法があるが、第一巻第十一章では、九〇度ずつ離れて正方形を形成する三つのグループを次のように分類している。太陽がおひつじ宮とてんびん宮に入るときはそれぞれ春分と秋分、かに宮とやぎ宮に入るときは夏至と冬至であるから、これらは同一のグループとみなされる。インドの術語をヒントにしてこれらを「転宮」と呼ぶことにしよう。二至二分は季節の変り目であり、これらのそれぞれに続く四宮は「定宮」と呼ばれる。なぜなら、太陽がこれらに位置するとき、四季のそれぞれに応じて気候が安定しているからである。これらに続く四宮が「二体宮」と呼ばれるのは「転宮」と「定宮」の両方の性質を備えているからであるとプトレマイオスは説明している。これらは地中海地方の四つの季節を反映していると思われる。

転宮	定宮	二体宮
おひつじ宮	おうし宮	ふたご宮
かに宮	しし宮	おとめ宮
てんびん宮	さそり宮	いて宮
やぎ宮	みずがめ宮	うお宮

表 3–2　宮の分類

離角	術語	例
60 度	六合	おひつじ宮とふたご宮
90 度	矩	おひつじ宮とかに宮
120 度	三合	おひつじ宮としし宮
180 度	衝	おひつじ宮とてんびん宮

表 3–3　アスペクト

太陽の支配宮		月の支配宮	
しし宮	太陽	かに宮	月
おとめ宮	水星	ふたご宮	水星
てんびん宮	金星	おうし宮	金星
さそり宮	火星	おひつじ宮	火星
いて宮	木星	うお宮	木星
やぎ宮	土星	みずがめ宮	土星

表 3–4　惑星の家

アスペクト

「アスペクト」は「見る」という動詞と関係のある術語であり、惑星や十二宮が視線のように互いに影響力を投げかけあうというところからきている。それは惑星と惑星の位置関係によって分類される。二つの惑星が同じ宮にあるときは「合」であり、もっとも重要なアスペクトである。プトレマイオスは宮と宮の位置関係では表3—3のような四種類のアスペクトを認めている。一般に六合と三合は友好関係であり、「矩」と「衝」は敵対関係であるとみなされている。

惑星の家

惑星には十二宮のなかでとくに親近性の強いものがある。十二宮のなかで、しし宮に太陽が入るころ季節としては夏であり、最も暑いのでこれを太陽の領域の始まりとする。しし宮の次のおとめ宮からやぎ宮までの五宮には五つの惑星をあてる。月は残りの六宮を自分の領域とし、しし宮の隣のかに宮を支配する。その隣のふたご宮から逆向きに数えてみずがめ宮までを五つの惑星が支配する。五惑星の順序は同心天球の順序である。これが惑星の「家《ハウス》」(ギリシア語で「オイコス」)と呼ばれるものである。したがって惑星の「家」をまとめると表3―4のようになる。

	高揚位	失墜位
太陽	おひつじ宮 10°	てんびん宮 10°
月	おうし宮 3°	さそり宮 3°
火星	やぎ宮 28°	かに宮 28°
水星	おとめ宮 15°	うお宮 15°
木星	かに宮 5°	やぎ宮 5°
金星	うお宮 27°	おとめ宮 27°
土星	てんびん宮 20°	おひつじ宮 20°

表 3–5　高揚位と失墜位

高揚位と失墜位

それぞれの惑星はその力を最大限に発揮できる宮がある。それが「高揚位」と呼ばれるものである。高揚位のちょうど反対側、すなわち一八〇度離れたところには「失墜位」があり、そこでは惑星の力は最も弱くなる。

プトレマイオスは高揚位について次のように説明している。まず太陽は春分の日に南半球から北半球へ移り、昼が夜よりも長くなり熱の力が増大するので、おひつじ宮が高揚位である。土星は太陽とは正反対の性質をもっているので、太陽の失墜位であるてんびん宮が高揚位になる。月の場合は、太陽がおひつじ宮にあるときの合(朔)で力を得て、その後その光を強めていくので、おうし宮が高揚位である。木星は肥沃さをもたらす北風と関係しており、かに宮

おひつじ宮	6 木	8 金	7 水	5 火	4 土
おうし宮	8 金	7 水	7 木	2 土	6 火
ふたご宮	7 水	6 木	7 金	6 火	4 土
かに宮	6 火	7 木	7 水	7 金	3 土
しし宮	6 木	7 水	6 土	6 金	5 火
おとめ宮	7 水	6 金	5 木	6 土	6 火
てんびん宮	6 土	5 金	5 水	8 木	6 火
さそり宮	6 火	7 金	8 木	6 水	3 土
いて宮	8 木	6 金	5 水	6 土	5 火
やぎ宮	6 金	6 水	7 木	6 土	5 火
みずがめ宮	6 土	6 水	8 金	5 木	5 火
うお宮	8 金	6 木	6 水	5 火	5 土

表 3–6　区界の度数と支配惑星

でいちばん北に達するのでそこに高揚位がある。火星の場合は逆に熱がその特徴であり、いちばん南に達するやぎ宮が高揚位になる。金星は湿気と関係が深く、春のはじめの湿り気を示すのでうお宮が高揚位になる。水星は乾燥と関係があるので金星の失墜位であるおとめ宮が高揚位になる。後の文献で用いられる数値とともに高揚位と失墜位を表にすると表3—5のようになる。

区界

それぞれの宮はさらに細分される。ギリシア語で「ホリア」とよばれるものであり、『明訳天文書』では「分度数」と「界」という訳語があてられているが、本書では「区界」と訳すことにする。それぞれの区界には支配する惑星が割り当てられている。

この区分のしかたにはプトレマイオスの時代からさまざまな方式があったようであり、『テトラビブロス』の第一巻の第二〇章では「エジプト人たちの区界」を、第二一章では「カルデア人たちの区界」を紹介し、最後に自分自身が認める区界について述べている。プトレマイオスの区界

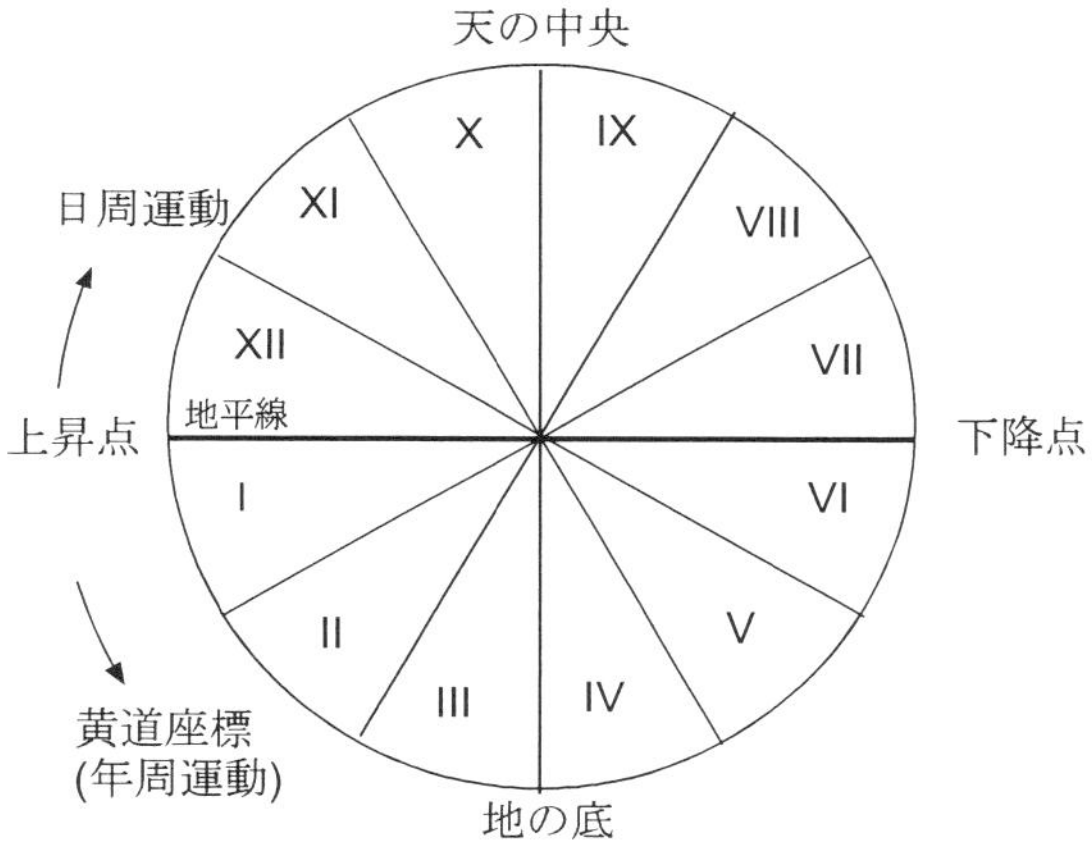

図 3–2　十二位

を、支配する惑星とともに表にすると表3—6のようになる。

区界がどのような天文学的な意味をもつのか、またそれがどのように占いに用いられたのか、プトレマイオスははっきりと述べていない。インドにもこれに対応する「トリンシャーンシャ」（「三〇分の一」の意味）という概念があるが、奇数番目の六宮と偶数番目の六宮に分けるだけの単純な方法をとっている。

十二位

十二宮と並んで重要な占星術の要素が十二位である。バビロニアでも基本になる四つの点（上昇点、天の中央、下降点、地の底）は知られていたようだが、十分に発達するのはヘレニズムにおいてであった。プトレマイオスはこれについてあま

1	生命・身体	7	結婚
2	富	8	死
3	兄弟	9	友情・旅行
4	両親	10	名誉・地位
5	子供	11	友・福利
6	病気・敵	12	損失・不幸

表 3–7　十二位の支配領域

り詳しく述べていないが、かれの一〇〇年ほど前にマニリウスがラテン語で著した『アストロノミカ』という占星術書にはこの新しい概念が用いられている。ギリシア語で「トポス」、ラテン語で「ドムス」と呼ばれ、英語では「ハウス」と呼ばれることもあるが、占星術では「ハウス」は「惑星の家」(五四頁参照)の意味でも用いられるので、本書では、密教占星術の用語を借りて「位」と呼ぶことにする。プトレマイオス以前の段階のヘレニズムの占星術が伝えられたと思われるインドでもこの要素は重要なものとみなされている。

十二位は図3―2のように、東の地平線に上昇しようとしている黄道点を出発点として、日周運動とは反対の方向に三〇度ずつ区切っていったものである。日周運動は赤道極を中心とする回転であるから、十二位の平面は黄道座標面にたいして傾斜している。したがって、十二位の分割点を黄道座標であらわすのはそう簡単なことではない。二つの平面を近似的に等しいとみなすような簡略な方法もあるが、中世のヨーロッパではさまざまな分割法が考案された。

十二位のそれぞれには表3―7のような支配領域がある。

寿命の長さ

プトレマイオスは『テトラビブロス』の第三巻第一〇章を「寿命の長さ」という問題にあてている。かれによれば、誕生に続いて起こるさまざまの出来事のなかで、寿命について考えることはもっとも重要なことである。なぜならある人のある出来事を予言しても、その出来事が起こるときまでその人が生きることがないのであれば、その予言自体が無意味になるからである。プトレマイオスが認めるように、この教説は簡単ではなく、球面幾何学の知識が必要であり、素人にできるものではなかった。いくつかの変種があるが、のちにイスラーム世界にも受け継がれて発展した。

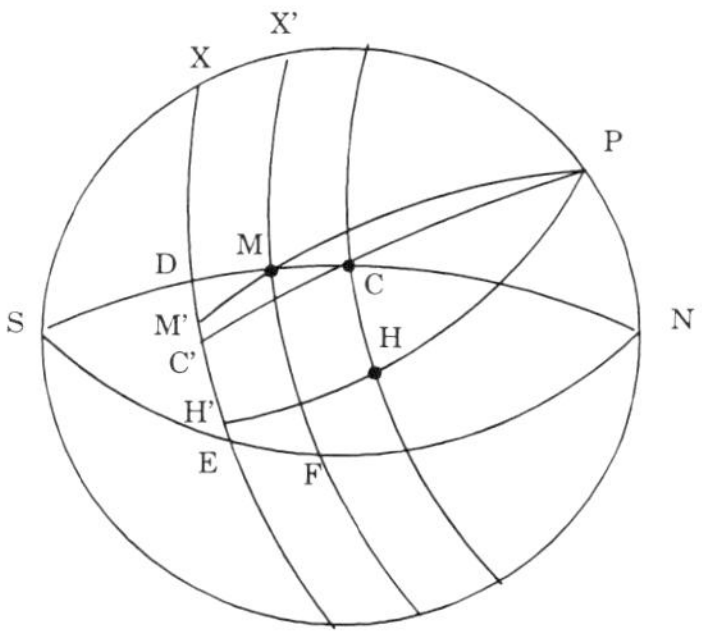

図 3–3　寿命の長さの求め方

基本的な考え方は次の通りである。まず図3―3のように天球は赤道極Pのまわりに日周運動をしている。NとSはそれぞれ地平線上にある真北と真南であり、Eは赤道と地平線の東の交点である。まず最初に占われるべき人物の寿命にかかわる天球上の一点Hが定められ、つぎにこれを破壊しようと待ちかまえているもう一つの点Mが定められる。日周運動によってHが東から西へ動き、SMNを結ぶ大円と交わる点Cまで達するとHは破壊される。HとCを赤道上に移したH′とC′の間の距離、つまり赤経差の度数がその人物の寿命の年数に対応するというのである。HとMは二つの象限にまたがることはないので、最も長い寿命は九〇才ということになるが、これにプラスマイナスされるさまざまな要素がある。Hとして採用されるものにはいろいろあるが、最も重要なのは上昇点をはじめとする四つの基本点である。その他太陽、月、惑星も候補者になる。昼であれば、まず太陽であるが、太陽がその役割を果たすにふさわしくなければ月である。月も適当でなければ、惑星のなかから適任者を選ぶ。さらに惑星のなかにも適当なものがなければ、「幸運箭《せん》」を用いる。「幸運箭」というのはさまざまな「箭」のうちのひとつであり、太陽から月までの黄道上の度数と同じ度数を上昇宮から黄経が増える方向にとったところにある点である。この「箭」もプトレマイオスは詳しく述べていないが、のちにイスラームの占星術で大きく発展したテーマのひとつである。夜の場合は太陽と月の役割が交代する。

6　エジプトの占星術

「エジプトの占星術」といっても、ここでいう「エジプト」はヘレニズム時代に入ってからのエジプトであることを知っておかねばならない。すでに述べたように、ヘレニズム時代以前のエジプトでは古くから「星の信仰」は盛んであり、年、月、日、時間などを支配する神に祈りが捧げられていたようだが、それによって未来を占うという意味での占星術は知られていなかった。ギリシアとローマの文化が混在するヘレニズム時代のエジプトになってはじめて占星術は流行するようになったのである。そしてその新しいシステムのなかに、すでに述べた「曜日」「デカン」「ホーラー」のようなエジプトの要素が入りこんでいったのである。最近出版された資料によると、その流行が始まるのはちょうどクレオパトラが活躍したプトレマイオス朝の最後の時期にあたる。この時期を代表するものとして有名なのが、デンデラ宮殿の天井を飾る十二宮の図像である。

すこし遅れて、紀元後二世紀になると、前節で述べたようにプトレマイオス（同名の王朝とは無関係）はギリシア文化の伝統を受け継ぎ、幾何学的な天文学体系を完成して『アルマゲスト』としてまとめ、占星術においてもそれまでの知識を『テトラビブロス』によって集大成したが、その活躍場所はエジプトのアレクサンドリアであった。かれは年代表記には一年を三六五日ちょうどとするエジプト年とエジプトの月名を用い、時刻法としても、昼と夜をそれぞれ一二時間に分けるエジプトの不定時法を用いている。しかし不思議なことにかれが「曜日」の概念を用いたという証拠はなく、惑星記述の順序は同心天球の順序である。

また逆にプトレマイオスの新しい体系はエジプトの地にただちに浸透したわけではなく、さまざまのレベルの古い占星術が根強く広がっていた。その様子をうかがうことができるのが、「天文学のパピルス」と呼ばれる一連の資料である。ギリシア語やエジプトの神聖文字の草書体である

「民衆文字」で書かれた断片がたくさん発見されているが、そのなかにはバビロニアの関数的な天文学の名残もみられる。同じような折衷的な傾向をあらわしているのが、キリスト教化されたエチオピアの一連の暦計算のための手引き書である。インド天文学にみられるバビロニア的な関数的天文学も同じようなところに起源をもつのではないかと思われる。

占星術の分類

ギリシアの宇宙論と自然哲学を取り込むことによってシステム化されたホロスコープ占星術は、「出生占星術」と「開始占星術」の二つに分けることができる。前者は個人の出生または懐妊のとき上昇しつつある天球と、十二の部分に分けられた天球上に位置する惑星と、惑星どうしの位置関係によってその個人の運命を予想しようとするものである。後者は、たとえば旅行、軍事遠征、建設、取引、結婚、などのように、なにか事を開始するとき、縁起のよい日時をホロスコープによって決めるものである。

後者のほうはギリシアから出ていったあとでさらに発展し、インドでは諸事万端について、客が質問する時刻のホロスコープによって質問事項の吉凶を判断する「質問占星術」が起こった。一方サーサーン朝ペルシアでは占星術によって歴史を説明する「歴史占星術」が生まれた。

第四章　地中海からインドへ

インドとギリシアの文化交流が具体的に歴史に姿を現すのは、マケドニアの王アレクサンドロスがインダス河の上流まで遠征しながらインド攻略を果たさず、引き返した後、チャンドラグプタによってマウリヤ王朝が成立したあとである。ギリシアの使節メガステネースは紀元前三〇〇年頃にガンジス河のほとりのパータリプトラ（現在のパトナ）にあるチャンドラグプタの宮廷に滞在している。また紀元後一五〇年頃にバクトリア地方のギリシア人植民地を支配していたメナンドロス王と仏教徒ナーガセーナとの興味深い対話が『ミリンダ王の問い』として仏典に記録され、東西の思想交流の興味深い一側面を示している。

しかしこの時代には科学の面での交流はさほどなかったようである。科学は水のように高いところから低いところへ流れていくと考えると、この時代にはまだヘレニズム世界とインドとの水位の差はさほど大きくなかったといえるだろう。ただしピングリー教授はこの時代にすでにメソポタミアの占星術の要素がインドに入っていると考えている。すでに述べたようにメソポタミアとインドの占星術の類似点はたくさんあるが、似ているからといって伝播の結果だと即断するわけにはいかない。ピングリーの「仮説」を実証または反証するのが後に続く研究者に課せられた仕事である。

1　海上交通の発達

インドと西方との科学における交渉が文献の中ではっきりと立証できるのは紀元後になってからである。右に述べた思想的な交流がバクトリアを中継地とする陸路によるものであったのにたいして、新しい科学の交流は海路の発展によって開けたものであった。紀元後一世紀半ばごろに発見された貿易風はその発見者の名前にちなんで「ヒッパロスの風」と呼ばれるが、地中海の商人たちは紅海を経てインド洋にはいると、この風に乗って容易にインドの西海岸まで達することができるようになった。当時の海上交通の様子は無名の水先案内人が残した『エリュトゥラー海案内記』にいきいきと描かれている。西インドの重要な港のひとつとして「バリュガザ」（現在のバローチ）があり、その後背地として「オゼーネー」がにぎわっていた。後者はサンスクリット語ではウッジャイニー（現在はウッジャイン）とよばれ、アヴァンティ地方の都であった。のちに発達したインドの数理天文学では標準子午線はこの町を通るとみなす。つまり「インドにおけるグリニッジ」の役割を果たすことになる。

地中海とインド洋の交易がインドにもたらした文物の中にギリシアの天文学と占星術があった。インドでは古くから占いが盛んであり、星占いもそのひとつではあったが、数理的性格には乏しかった。古い星占いの中心は月であり、月が宿る二七または二八の星宿《ナクシャトラ》と月との位置関係によって占うだけであり、惑星についてはほとんど関心が向けられていなかった。ところが新たに西方から伝えられたホロスコープ占星術は、誕生時の惑星の位置によって運命を占うという斬新なものであった。惑星の位置を計算するためには数理天文学の知識が必要であった。こうして占星術と共に数理天文学もヘレニズム世界からインドへと伝えられたのである。

この事情を明瞭に語るのが『ヤヴァナ・ジャータカ』とよばれる占星術書である。この書物はもともとアレクサンドリアあたりでヤヴァネーシュヴァラという人物がギリシア語で書いたもののようであるが、インドに伝えられて、まず紀元後の一五〇年ごろに散文のサンスクリットに翻訳された。その後二七〇年ごろにスプジドヴァジャという人物が韻文化したのが、現存するテキストである。ヤヴァネーシュヴァラという名前は文字通りには「ギリシア人たちの王」という意味である。スプジドヴァジャも「王」（ラージャ）とよばれているので、西インドに移住してきたギリシア人たちのグループの指導者であったと思われる。

『ヤヴァナ・ジャータカ』の散文テキストは現存しない。一般にインドの学術書は韻文にしないかぎり権威をもたないし伝承されることも少ない。それは「口承」が学問伝承の中心的手段であったことによる。口承をまちがいないものとするためには韻文にして暗記することが重要であった。長短のシラブルの組合わせを厳密に規定した韻文規則が発達し、これに従わないかぎりまともな作品とはみなされなかった。現存するスプジドヴァジャの韻文テキストはかなりインド化されているが、それでもその内容の大半はギリシア占星術である。占いの中心は太陽と月と五つの惑星であり、これら七つの天体による曜日の概念も初めてこのテキストに現れる。惑星の位置を示す座標としては西方起源の十二宮が用いられ、ホロスコープ作成の要《かなめ》ともいえる十二位もほぼそのまま伝えられた。

「ジャータカ」文献

ギリシア人たちが東方の異民族を「バルバロイ」と呼んだように、インド人たちは西方の異民族を「バルバラ」「ムレッチャー」「ヤヴァナ」などの蔑称で呼んだ。中国の「南蛮」「北狄」「東夷」「西戎」などと同じ発想である。「ヤヴァナ」はもともと「イオニア」の訛ったものであり、「ヨーナ」「ヨーナカ」「ユーナ」などさまざまな形がある。のちにイスラーム系の医学をさす「ユーナーニー」も同じところから発している。『ヤヴァナ・ジャータカ』は「西方の異民族の占星術」という意味である。ここで「ジャータカ」の意味も説明しておく必要があるだろう。というのは「ジャータカ」は仏教文学の重要な一ジャンルになっており、誤解を招くおそれがあるからである。ただし占星術の「ジャータカ」が仏教の「ジャータカ」と関係がないわけではなく、「誕生」という点では共通する。仏教の場合は釈尊の前世の話が中心になっており、「本生譚」と訳される。一方占星術では「誕生占い」つまり出生占星術という一分野をさすことになる。いずれにせよ『ヤヴァナ・ジャータカ』が先鞭をつけたあとは、『ブリハッ・ジャータカ』をはじめとして「ジャータカ」を名乗る占星術書が多数著わされた。

『ヤヴァナ・ジャータカ』

『ヤヴァナ・ジャータカ』は長い間謎の書物であった。のちの文献でひんぱんに言及されるものの原典が出版されていなかったのである。インドの法《ダルマ》研究の碩学カネー氏が一九五五年の論文でネパールに存在するこの書物の写本の一部を利用しているのを知ったのが当時ハーバード大学の大学院生だったピングリー（一九三三年生まれ）であった。かれはさっそくカトマンズに行き、そこでその写本のマイクロフィルムを手にいれた。その後この文献の校訂と英訳に詳細な注をつけて学位論文として提出した。単行本としてハーバード大学出版会から出版されたのは一九七八年のことである。

ピングリーは一九五九年に『ヤヴァナ・ジャータカ』に関する論文をアメリカ東洋学会の雑誌に掲載して以来、精力的に論文を発表してきた。わたしがかれの論文に触発され、指導を受けるためにブラウン大学に留学したとき、かれはまだ四〇歳であった。昨年七〇歳になったかれの誕生祝いとして弟子たちの論文集を編集して今年出版したが、その編集委員の一人に加えていただいたのは光栄であった。

この書は全七九章からなる。第一章の冒頭は写本が破損しているために第一一詩節からはじまっている。十二宮全体が「カーラ」（時の神）と呼ばれ、おひつじ宮からうお宮までが、頭から足までの身体部位と対応させられている。西洋では「獣帯人間」と呼ばれ、医学と占星術の関係において重要な概念である。「カーラ」自体はインドでは『アタルヴァ・ヴェーダ』の時代から時間の神として畏怖されてきたものであるから、インド人にとって何の抵抗もなく受け入れられるものであった。ここで十二宮、二四の「ホーラー」（宮の半分）、三六の「ドレシュカーナ」（デカン）の図像学的な要素が述べられており、そこに地中海的な特徴がみられることも注意すべきであろう。

音声借用語

サンスクリット文献で用いられる占星術の基本的な術語の多くはギリシア語からの翻訳である。ギリシア語がそのまま音訳されているものを表４—１にまとめた。

	ギリシア語	サンスクリット語	意味
1	ἀναφορά	anapharā	月の位置
2	αἰγόκερως	ākokera	やぎ宮
3	ἀπόκλιματα	āpoklima	第 III, VI, IX, XII 位
4	ἄρης	ārā	火星
5	ἀφροδίτη	āsphujit	金星
6	ἰχθύς	ittha	うお宮
7	κάρκίνος	karki	かに宮
8	κέντρον	kendra	中心、第 I, IV, VII, X 位
9	κενοδρομία	kemadruma	月の位置
10	κρονός	koṇa	土星
11	σκορπίος	kaurpi	さそり宮
12	κριός	kriya	おひつじ宮
13	διάμετρος	jāmitra	直径、第 VII 位
14	διδύμος	jituma	ふたご宮
15	ζεύς	jīva	木星
16	ζυγόν	jūka	てんびん宮
17	ταῦρος	tāuri	おうし宮
18	τοχότης	taukṣika	いて宮
19	τρίγωνος	trikoṇa	三角形、第 V 位
20	τυχικόν	duścikya	第 III 位
21	δορυφορία	daurdhura	月の位置
22	δύσις	dyūna	第 VII 位
23	δεκανοί	dreṣkāna	10 度、デカン
24	ἐπαναφοραί	paṇaphara	第 II, V, VIII, XI 位
25	παρθένος	pāthona	おとめ宮
26	μηνιαῖος	meṇyaiva	月の位置
27	μεσουράνημα	meṣūraṇa	第 X 位
28	ῥιφή	riḥpha	第 XII 位
29	λεπτόν	liptā	分（漢訳：立多）
30	λέων	leya	しし宮
31	φάσις	vāśi	太陽の位置
32	συναφή	sunaphā	月の位置
33	ὁρίζων	harija	地平線
34	ὑπόγειον	hipaka	第 IX 位
35	ὑδροχοός	hṛdroga	みずがめ宮
36	ἑρμῆς	hemna	水星
37	ἥλιος	heli	太陽
38	ὥρα	horā	第 I 位　（漢訳：火羅）

表 4–1　ギリシア語からサンスクリット語への音訳語

十二宮はふつう意訳のほうが用いられているが、ここにあげたのはすべて音訳であり、次に述べるヴァラーハミヒラの『ブリハッ・ジャータカ』のひとつの韻文のなかに読み込まれているものである。惑星も月以外のものはすべて音訳がある。表で「月の位置」としたのは、月が位置する位と惑星が位置する位との相対的な関係によって三種類の名前があり、それらがギリシア語からそのまま借用されているのである。

これらのうち三八番目のホーラー（ὥρα）は冒頭で述べたように、「ホロスコープ」の語源になった語であり、東寺の火羅図で「火羅」と音訳されているものである。次に述べるインド屈指の占星術学者ヴァラーハミヒラはサンスクリット語の「ホーラー」ということばが重要な概念であることを知っていたので、その語源を言及しておく必要があると思ったらしく、

> ある人々は、「ホーラー」（horā）というのは、「アホーラートラ」（ahorātra）の変形であり、先頭と末尾のシラブルが脱落したものであると考えている。

と述べている。「アホーラートラ」は「昼夜」という意味であり、天文学書でもよく用いられる術語である。「ある人々」という表現は通常は自分以外の人々の意見を紹介するときに用いるから、ヴァラーハミヒラ自身は「ホーラー」がギリシア語であることに気づいていたのかもしれない。

惑星の名前のうちでは木星が興味深い形を示している。「ジーヴァ」(15: jīva) が「木星」の意味をもつにいたった背景については、サンスクリットの語源辞典にも言及されていないので、ここで私見を述べておこう。

まずギリシア語の木星にあたる「ゼウス (ζεύς)」が音訳されて jyauḥ (単数主格形) になる。これが jyā という -ā 語幹に変えられる。この jyā には「弓の弦」という意味があり、三角法の「弦」としてよく数学・天文学書で用いられる。一方「弦」を意味する語としては jīva (いのち) という語も用いられる。jyā と jīva が「弦」という意味で同義語になると、jyā のもうひとつの意味、すなわち音訳由来の「木星」という意味が、jīva の方にも賦与された。後者は典型的な男性名詞であり、女性名詞の jyā よりも「木星」としてなじみやすかったのである。なお三角関数の「弦」が jīva と訳されるのはギリシア語の「弦」(βιός) のアクセントを移動させると「いのち」(βίος) になることと無関係ではないだろう。

「地平線」を意味する「ハリジャ」(33: harija) も音訳語ではあるが、見事にサンスクリット語の形になっている。たいていの人はこれを hari-ja と分析し、「ハリ神から生まれたもの」と理解するであろう。しかしのちにはこの前分を代えた kṣiti-ja (「大地より生まれたもの」) という形のほうが「地平線」の意味でより普通に用いられるようになる。もともと音訳の一部だったものが、意味あるものとして変形していくという例はほかにもいくつかある。

「フリドローガ」(35: hṛdroga) は音訳語でありながら完全にサンスクリット化されているので、この形態を見ただけでは、「心臓 (hṛd) の病気 (roga)」と区別することはできない。「リプター」(29: liptā) はインド天文学の中国語訳である『九執暦』では「立多」と音訳されているが、これもギリシア由来で、角度の「分」を意味する。サンスクリット語ではこの語に接頭語 vi-を加えて、viliptā という語をつくり、これを「秒」の意味で用いる。

これらの音訳語のなかには、特殊な文脈でしか使われないものもあるが、重要な概念を意味するものとして多用され、日本まで伝えられた「ホーラー」のようなものもある。

「ケーンドラ」(8: kendra) は、天文学では惑星の中心差を求めるときの平均運動の角度(アノマリ)を意味する。また円の中心そのものでもあり、現在でも「センター」の訳語としてヒンディー語で用い続けられている。

2　インドの惑星と曜日の順序

インドの「惑星」

インド最古の文献である神々への讃歌『リグ・ヴェーダ』にみるかぎり、古代インドの詩人たちはさほど「惑星」には注目を払っていなかったようである。あからさまな言及を避けるという詩人たちの繊細な感性を考慮に入れるとしても、メソポタミアにおけるような「惑星」に対する強い関心をヴェーダにおいてみることができない。「神々の師匠」といわれるブリハスパティ神は、後になって木星と同一視されるようになるが、最初は天体として認識されていなかった。金星もさまざまかたちで言及されているという解釈は可能であろうが、五つの惑星のひとつとして意識されることはなかった。

のちに「惑星」の意味で用いられるインドのことばは「グラハ」であるが、本来の意味は惑星とは関係のないものであった。この語は「とらえる」(grah-) という動詞から派生したもので、「とらえるもの」である。古い医学書では人間にとりついて病気をもたらす魔物であった。とくに幼児にとりつくグラハは何種類かに分類されている。天の現象としては日食や月食を起こす魔物である。この魔物は最初は「スヴァル・バーヌ」、のちには「ラーフ」と呼ばれる。太陽や月はこの悪魔によって「とらえられる」ものであった。ところがいつのまにか「グラハ」が「惑星」の意味に転用されるようになると、太陽と月もグラハの仲間になってしまった。このような、「とらえられるもの」から「とらえるもの」への意味の大転換は、西方の占星術の影響によって起こったものであると説明するのが自然であるとわたしには思われる。

医学の文脈をのぞくと、天体としての「グラハ」には次のような意味の発展段階があったと考えられる。

一　日月食を起こす魔物としての「グラハ」
二　「ラーフ」とも呼ばれる「グラハ」
三　五惑星としての「グラハ」
四　太陽と月を加えた七つの「グラハ」。ラーフとケートゥを加えると九つ。ただし列挙順序は不定
五　曜日の順序に並んだ「グラハ」

わたしはインドの古典テキストの中で「グラハ」ということばに出会った場合、上の五段階のどれに属するかを調べることによって、そのテキストの相対的な位置付けができると考えている。このうち三と四の境界をはっきりさせることはむずかしいが、この二つの段階に属するテキストはおよそ紀元前四世紀後半のマウリア朝以後のものであると考えている。大叙事詩『マハーバーラタ』は第四段階に属する。『ラーマーヤマ』も全体としてはこの時代であろうが、あとで述べるように「ラーマの誕生」に関する部分では明らかに西方起源のホロスコープが意識されており、その部分は第五段階に属するといえるだろう。

曜日の順序

右に述べた五つの段階のうち、第五段階の曜日の順序に並べられた惑星が見られる最初のインドの文献はすでに述べた『ヤヴァナ・ジャータカ』である。しかしこの書物の最後の章になってはじめて出てくるのであり、それまでの章ではさまざまな順序で列挙されている。このことをみると、この書物でようやく「曜日」の順序がインドで知られるようになったと言える。それからおよそ一〇〇年後の『ヴリッダ・ヤヴァナジャータカ』（増補された『ヤヴァナジャータカ』）では曜日の順序は当然のこととして用いられている。天文学書においても惑星を叙述するときはほとんど常に曜日の順序である。その順序が確立しているので、「太陽をはじめとするもの」といえば七惑星であり、「火星をはじめとするもの」といえば五惑星である。

『マヌ法典』とならんで古代インド人の生活規範になった『ヤージュナヴァルキヤ法典』には「惑星の鎮静儀礼」の項目があるが、ここではまず最初に

太陽、月、火星、水星、木星、金星、土星、ラーフ、ケートゥがグラハであると伝えられる。

と宣言している。このように順序を確定しておくと、その後は「それぞれ順に」というようなことばを用いて表現を簡略化することができる。このことからこのテキストのこの部分はせいぜい

遡っても紀元後三世紀の後半以後の成立であるということができる。グラハ儀礼はインドの儀礼書のなかに「補遺」のようなかたちでどんどん取り入れられていったが、グラハの列挙順序はそれらのテキストの年代を決定するためのひとつの目安を与えてくれるのである。

ラーフとケートゥ

惑星としてのグラハの仲間入りをしたラーフとケートゥもインドの天文学と占星術の特徴を示す要素である。ラーフのほうは日月食に関係があるものとして古くからサンスクリット文献に登場している。語源的には「とらえる」(rabh-)という動詞に由来しており、その点でも「グラハ」と通ずるところがある。一方ケートゥのほうは問題である。ケートゥのイメージがインド人の間でも固定していなかったことについて、一一世紀に『インド誌』を著したペルシア人の博学者アル・ビールーニーは次のようにいっている。

竜の頭はラーフと呼ばれ、尾はケートゥと呼ばれる。インド人はその竜の頭だけを用い、尾についてかれらが記録したものは少ない。一般に天空に現れるすべての彗星もケートゥと呼ばれる。

一方インドの博学者の代表というべきヴァラーハミヒラも『占術大集成』で「ラーフの運行」と「ケートゥの運行」という二章を設けてこの問題を論じている。かれは西方天文学の洗礼を受けていたので日月食のほんとうの原因を知っており、

月は月食において地球の影に入り、日食においては太陽に入る。

と述べている。かれによれば、ラーフとは月食における地影、日食における月にほかならないのである。さらにかれはケートゥを彗星であるとみなし、ケートゥに関する章では全部で一〇〇〇個のケートゥが存在するとして、その形状と色によって分類している。

プラーナ（古譚）文献には甘露の水を盗み飲んだラーフがシヴァ神によって罰せられ、頭と尾に切り離されるという神話が伝えられており、これは次の章で述べる『ブンダヒシュン』のドラゴン神話と共通するところがある。

3　ラーマのホロスコープ

インドの天文学史を研究していて物足らなく思うのは、古い天体観測例が残されていないこと

である。すでに述べたように、紀元後二世紀のプトレマイオスが古典天文学の体系を完成した背後には、紀元前八世紀のバビロニアからはじまる数多くの観測記録と、かれ自身の観測があった。中国でも各王朝の正史の重要な一部をなす「暦志」「天文志」あるいは「律暦志」には多数の観測記録が残されている。それらは近代の天文学者たちにとっても定数確立のための重要な資料になっている。

インド天文学のいわば「現実無視」は、インドの没歴史性に通ずるところがある。インドには神話・伝説・昔話は数多く存在するが、歴史上の具体的な事象についての記録はきわめて少なく、ヘロドトスや司馬遷のような歴史家は生まれなかった。同様のことはホロスコープ占星術についてもいえる。西方から伝えられたこの新しい占いの手法は、インド的な要素を加えられ、きわめて複雑な体系になり、おおいに流行したが、個人のホロスコープの記録はほとんど残されていない。

わたしはインドの古いホロスコープの実例がないものかとさがしているうちに、『ラーマーヤナ』のなかに、英雄ラーマのホロスコープがかくれていることを知った。それはこの叙事詩の最初に近い、ラーマの生誕のエピソードにある。この部分を和訳すると次のようになる。

それから一二か月目のチャイトラ月の第九日に、「月の位置する」星宿がプナルヴァスであり、また五つの惑星が「いずれも」自分の高揚位に位置し、「東の地平線上に」懸かったかに宮にある木星が月とともに上昇しつつある時、ヴィシュヌの化身としてすべての世間の人々に尊敬され、すべての吉相をそなえたラーマを、カオサルヤー妃が生んだ。

おそらくこの部分は伝本成立の初期段階では存在しなかったが、後代の詩人が流行していた占星術の知識を取り入れて付け加えたのであろう。実際それを裏付けるように、数多くの伝本はこの部分をふくむグループとふくまないグループに分けられるという。しかしその詩人の試みは占星術としては失敗であったということができるだろう。まず明らかなのは、五惑星のすべてをそれぞれの高揚位に配置するという試みは、次章で述べる『ブンダヒシュン』の世界のホロスコープの作者とまったく同じであるが、チャイトラ月とは太陽の「おひつじ宮入り」をふくむ月であるから、その月に水星がその最高位であるおとめ宮に位置するはずがないのである。

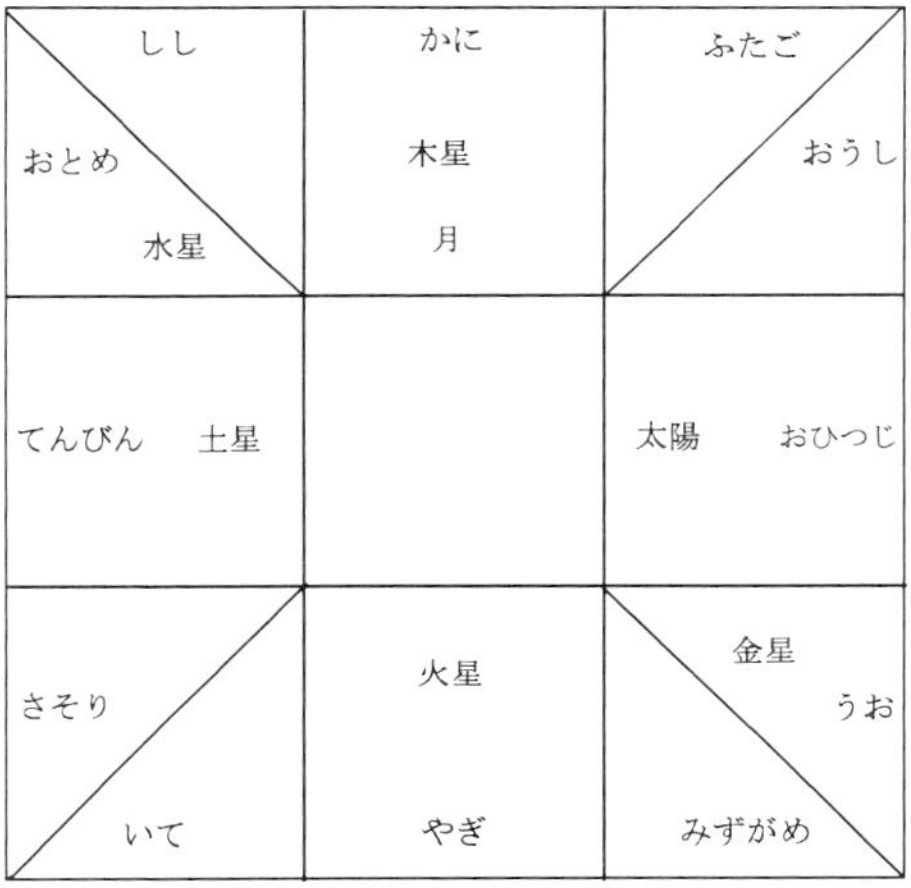

図 4–1　ラーマのホロスコープ

プナルヴァスは二十七宿のひとつであり、黄経八〇度から九三度二〇分までをカヴァーし、かに宮は九〇度から一二〇度までであるから、月の位置はその重なる部分にあるとしよう。しかし月は一日におよそ一二度ずつ太陽から離れていくから、第九日には少なくとも九六度は離れていなければならない。そうすると、太陽はまだおひつじ宮の初点に達していないことになる。おそらくかの詩人はそこまでは考えていなかっただろうし、それを指摘するわたしのような意地悪い読者も想定していなかったにちがいない。いずれにせよ、この架空のホロスコープはイランの『ブンダヒシュン』の世界のホロスコープときわめてよく似たものである。この他にも哲学者シャンカラのホロスコープなどが知られているが、共通するのは天文学的な常識を無視した楽天主義である。

このような理想化されたホロスコープのアイデアが最初に登場するのはすでに述べた『ヤヴァナ・ジャータカ』である。

4　ヴァラーハミヒラ

こうしてヘレニズムの占星術と天文学がいったんインド化されると、それ以後はインド独自の発展を遂げていった。数理天文学では四七六年生まれのアールヤバタが最初に名前の知られる学者である。現存する唯一の著作『アールヤバティーヤ』はわずか一二三の二行詩に数学・暦法・球面天文学を凝縮したものであり、占星術的な要素はほとんどみられない。占星術ではなんといっても六世紀中頃のヴァラーハミヒラが重要である。かれは『五天文学綱要書』という天文学書も著しているが、現代に至るまで読みつづけられている多くの占星術書の著者として有名である。とくに『ブリハット・サンヒター』（占術大集成）はインド固有の前兆占いのさまざまな手法と、西方から導入された新しい占星術とを総合的に記録したものであり、インド文化史を学ぶための貴重な情報を与えてくれる。

インドのゾロアスター教徒

インド文化史上屈指の知識人ということのできるヴァラーハミヒラは不思議な人物である。まずその名前からして奇妙である。前半の「ヴァラーハ」はイノシシを意味するサンスクリット語であるからいいにしても、後半の「ミヒラ」のほうはサンスクリット語ではなく、イランの太陽神ミフルに由来すると思われる。実際かれが太陽神を奉ずるゾロアスター教徒の一派の流れをくむ人物であることはさまざまな角度から確認することができる。かれの父の名前「アーディトヤダーサ」は「太陽の下僕」という意味である。また現存するかれの多くの著作はすべて太陽神にたいする帰敬文で始まっている。

『占術大集成』の第五九章はいろいろな宗教宗派の神仏像建立について述べたものであるが、そこでヴァラーハミヒラは「マガたちは太陽神の像を建立する」といっている。この「マガ」こそかれのルーツを示すことばである。これについては『バビシュヤ・プラーナ』という文献に次のような伝説がある。

クリシュナ神とその妃の一人ジャーンバヴァティーとの間の息子シャーンバはハンセン氏病にかかっていたが、太陽神を熱心に崇拝したおかげで全快した。それに感謝してかれは太陽神をまつる寺院を建てた。ところがインド（ジャンブー・ドヴィーパ）のバラモンたちは太陽神だけに専ら奉仕するという職につきたがらなかった。そこでやむなくシャーンバはシャカ族の国（シャーカ・ドヴィーパ）におもむき、そこで太陽神を奉じているマギ僧たちを発見し、一八人の僧を家族とともにインドへ連れて帰った。

この伝説がいつごろの歴史的事実をどの程度反映しているのかよくわからないが、イランにパルティア帝国が栄えていた紀元前後のおよそ四世紀のあいだ、ミフル信仰が隆盛をきわめていたことはよく知られている。かくしてゾロアスター教の太陽神ミフルをまつっていたマギ教の僧侶の集団がインド北部へ移住し、インドの太陽神スールヤを主神とする「マガ僧」となったのである。いずれにせよ、きびしい人種差別とカースト制度によって社会秩序を維持していた古代インドにおいて、ほんらい異教徒であった辺境の地の人々を迎え入れ、僧職という理由でバラモンと呼ぶようになったというのは興味深いことである。その異例さのゆえにプラーナ文献に伝えられるような伝説も生じたのであろう。

ヴァラーハミヒラ自身がマガ僧の家系に属していたことはほぼまちがいない。『五天文学書綱要』のなかでかれは三六五日よりなる「マガ年」と呼ばれるものに言及しているが、これがセレウコス朝以来ペルシアで用いられていた暦に基づくものであることは明らかである。またペルシア暦ではひと月は三〇日からなり、それぞれの日に神格をひとつずつあてるが、ヴァラーハミヒラはそれに対応するインドの神々の名前を列挙している。祖先が最初にインドへ移住してから数世紀たっていても、かれ自身ペルシア人の血を意識していたのではないかと思われる。

ところで、『占術大集成』にたいしてすぐれた注釈をほどこした一〇世紀のカシミールの学者ウトパラは、ヴァラーハミヒラをさして「マガダのバラモン」と呼んでいる。マガダといえば釈迦が活躍したことで知られるインド東部の国であるが、ヴァラーハミヒラがインド中西部のアヴァンティ国のウッジャイニーで活躍していたことは明らかであり、かれ自身自分のことを「アヴァンティ出身」といっている。したがって出身が「マガダ」のはずはなく、「マガ」が伝承の過程で「マガダ」と誤り伝えられたのではないかといわれている。

ヴァラーハミヒラは『占術大集成』（第二章一四節）において、

ギリシア人は野蛮人であるが、かれらの間でもこの学問（占星術）は正しく確立しており、かれら（占星術師）は聖人のごとく尊敬されている。いわんや天命を知るバラモンはそうである。

といっているが、このことばの背景には、占星術によって身をたてた先祖への思いがこめられている。かれはこの学問を父から学び、息子のプリトゥヤシャスに伝授している。ホロスコープ占星術の体系のほとんどはギリシアから伝えられたものであり、そのことをかれが十分に意識していたということは右のことばからもわかる。すでに述べたようにかれは『ブリハッ・ジャータカ』できわめて多くのギリシア語からの借用語を用いている。ヴァラーハミヒラは広い意味の占い全体に通じていただけでなく、古典インドの学問領域のすべてにわたる広い教養を身につけていた。そのことをもっともよくあらわしているのが『占術大集成』である。

『占術大集成』

この書の本来の目的は前兆について論ずることであるが、地上と天上のあらゆる事物と現象が対象になるから、それらの通常の状態を正確に把握しておく必要がある。そこでまず詳細な観察から論を起こすことになる。したがってこの書は百科全書的な性格をもつことになる。天象・気象はもとより、動物・植物・鉱物・および人間をふくむ自然界のあらゆる現象が前兆として考察の対象になる。さらに、衣服・食物・住居・祭事・旅行・結婚などさまざまな個人的な営みが話題になる。またとくに宮廷占星術師のためのマニュアルでもあるから、政治・経済・軍事・宮廷生活・外交・王権儀礼なども論じられている。そこで天文学・占星術・医学・韻律学・祭式学などの伝統的な学問にたいする教養が披露されるのである。このような総合的な教養は学問が専門化する以前の古代中世の知識人に共通してみられる特徴ではあるが、とくに占星術師として信頼されるには必要な資質であった。占星術師は客がどのような質問をしても的確に答えなければならない。したがって、宮廷の占星術師になることを目指すもののためのマニュアルである本書には、王による質問が意識されているところが多いのである。

わたしは学生のころからこの書物に関心をいだいていたが、京都大学で演習を担当するようになってからは教材として利用し、およそ二〇年ほどかけて全訳することができた。とくに熱心に演習に参加していただいた杉田瑞枝さんとの共訳というかたちで平凡社の東洋文庫に『占術大集成』というタイトルで収められたことをたいへんうれしく思っている。

この書物がいかにおもしろい情報に富んでいるかを知っていただくために、以下にわたしたちの訳書から目次のすべてをコピーさせていただきたい。

『占術大集成』目次

第六三章 亀の相
第六四章 山羊の相
第六五章 馬の相
第六六章 象の相
第六七章 男性の相
第六八章 五種類の王
第六九章 乙女の相
第七〇章 衣の破れの相
第七一章 払子の相
第七二章 日傘の相
第七三章 女性賛美
第七四章 ひとに愛される方法
第七五章 媚薬
第七六章 香合わせ
第七七章 男女の愛し合い方

第七八章 ベッドと椅子の相
第七九章 宝石鑑定
第八〇章 真珠の相
第八一章 ルビーの相
第八二章 エメラルドの相
第八三章 灯火の相
第八四章 歯木の相
第八五章 鳥獣占い
第八六章 鳥獣占いの三二方位
第八七章 鳴き声
第八八章 犬の振舞い
第八九章 ジャッカルの鳴き声
第九〇章 けものの振舞い
第九一章 牛の振舞い
第九二章 馬の振舞い

第九三章 象の振舞い
第九四章 カラスの鳴き声
第九五章 鳥獣占い補遺
第九六章 結果の現れ
第九七章 星宿に適する仕事
第九八章 ティティと主宰神
第九九章 カラナと主宰神
第一〇〇章 誕生星宿による性質
第一〇一章 宮と星宿
第一〇二章 結婚式と惑星
第一〇三章 惑星の領域
第一〇四章 星宿人間
第一〇五章 結び

1	身体	7	妻
2	富	8	死
3	兄弟	9	法
4	友	10	行為
5	子供	11	獲得
6	敵	12	損失

表 4–2
十二位の領域

なおヴァラーハミヒラは一〇二章では特別に「結婚式」の時刻の十二位と惑星の関係を述べ、一〇三章では十二位の一般的な意味づけを与える。後者を簡単にまとめると表4—2のようになる。

その他の作品

ヴァラーハミヒラは多くの著作を残しているが、そのうちおもなものだけ説明しておこう。すでにたびたびふれることのあった『ブリハッ・ジャータカ』は現在にいたるまで、「出生占星術」に関するもっとも重要な教科書である。これを簡略化して読みやすくしたのが『ラグ・ジャータカ』であり、術語や手法の要点が簡潔に要領よく説明されているので、便利なハンドブックとして古くからよく利用されていた。あとで述べる一一世紀のペルシア人博学者アル・ビールーニーは名著『インド誌』のなかでこの書を部分的にアラビア語に翻訳している。現代インドにおいてもホロスコープ占星術の重要な参考書になっている。

『ブリハッド・ヤートラー』は王の行軍（ヤートラー）に関する占星術書であり、王が遠征に出る際の占いが中心になっている。このような軍事占星術もインドで発達したものであり、これは「開始占星術」に分類できる。その簡略版が『ヨーガ・ヤートラー』である。

『ヴィヴァーハ・パタラ』は結婚に関する占星術書の小編である。結婚は現在にいたるまで占星術がもっともその活躍場所を見出した分野である。現在でもインドでは、結婚のためにはホロスコープで相性を確認することが必要である。これは「選択占星術」にあたる。

ヴァラーハミヒラは占星術だけでなく、天文学にも通暁していた。『パンチャシッダーンティカー（五天文学書綱要）』は当時インドに流通していた五つの天文学書をまとめたものである。ここに集められた五つの学派のうち、明らかに西方起源であると思われるのが、『スールヤ・シッダーンタ』『ローマ・カシッダーンタ』『パウリシャ・シッダーンタ』である。

5　バビロニアと南インド

一九五〇年代から六〇年代にかけて、いわゆる「タミル天文学」が天文学史の専門家たちの間で話題になったことがある。火付け役が古代天文学史の大御所のノイゲバウアーであったこともあり、多くのすぐれた学者が議論に参加した。「タミル」という言葉は誤解を与えやすいので「南インド」というほうが適切だろうが、いずれにせよ南インドで最近まで口承で伝えられていた天文計算法に、究極的にはバビロニアの天文学にまで遡る要素があるというのだから、きわめてセンセーショナルな話題であった。ときおり議論が再熱するが、積極的な反証は出されていない。

金星の太陽面通過

ところで南インドの土着天文学に西洋人が注目したのはそれがはじめてではなく、一八世紀の半ばすぎ、イギリスとフランスがインドの植民地をめぐって最後の抗争を繰り広げていたころすでに調査を行なった人物がある。それはパリ天文台員ル・ジャンティ（一七二五―九二年）であり、かれがインドに赴いたのは一七六一年六月六日に起こる予定の金星の太陽面通過を観測するためであった。この現象は一度起こると八年後にはまた起こるが、その後は一〇五年半または一二一年半という長い間隔をおいてしか起こらない。一七六一年の後は一七六九年六月、一八七四年六月、一八八二年一二月に起こり、その次がつい最近の二〇〇四年六月であったことは記憶に新しい。

一七六一年のそれは、はじめて地球上の各地で同時観測を行ない、その視差によって太陽と地球の距離を決定するという歴史的な意義があるものだった。ところがル・ジャンティがインドに着いたとき、観測拠点であったフランス最後の拠点南インドのポンディシェリーはイギリス軍の手に落ちていた。かれは八年後を期していったんインド国外に去っていたが、七年戦争のあとポンディシェリーがフランスに返還されたので、一七六八年にここへ戻り、翌年起こるはずの金星の太陽面通過を待った。しかし気の毒にも一七六九年六月三日の予定の時刻になって突然雲が現れ、観測は不首尾に終わった。

貝殻による計算

しかしル・ジャンティは一年間を南インドで無為に過ごしていたわけではなく、その時を利用して土着の天文学を調査していた。とくにかれがあるタミル人から学んだ天文計算法はきわめて注目すべきものであり、ヨーロッパの学者を驚かせるに十分であった。その計算は鉛筆も紙も使わず、ただ貝殻を地面に並べるだけで行われ、数表にあたるものはすべて暗記されていた。ある月食について、西洋の方法とインドの貝殻式の方法とであらかじめ計算されたものを実際の月食と比較してみたところ、皆既食の継続時間については西洋式のほうがすぐれていたが、食全体の継続時間は貝殻式のほうが実際の現象に近かったという。ル・ジャンティはそのときの驚きを率直に『航海記』に報告している。

ル・ジャンティの半世紀後に、こんどはイギリス人のウオーレン大佐が南インドで同じような驚きを経験したが、かれはさらに広く精密に調査し、その結果を『カーラ・サンカリタ』というタイトルの本にまとめ、一八二五年にマドラス（現チェンナイ）で出版した。この報告はインド天文学史上きわめて貴重なものでありながら、二〇世紀なかばにノイゲバウアーが利用するまではほとんど学者の注目を浴びなかった。

貝殻式計算法にともなう膨大な天文表はすべて暗記されていたのであるが、それには南インド独特の「カタパヤーディ」と呼ばれる数表記法が大いに助けになっている。その方法は簡単にいうと、一種のアルファベット式数表記法であり、きわめて融通性に富んでいるので、どんな数値でも意味のある語句または文章として表現することができる。

ヴァーキヤ

数値を表現した語呂合わせの文章は「ヴァーキヤ」とよばれる。これ自体「文章」という意味である。たとえば月の位置計算には「チャンドラ（月）ヴァーキヤ」が用いられる。ノイゲバウアーによると、これこそバビロニアと南インドをつなぐ注目すべきものである。これは二四八の簡潔な文章によって二四八日間の月の位置を一日ごとに与えるものである。二四八という数字には天文学的な意味があり、およそ九近点月にあたる。つまり月が近地点を出発して近地点に復帰するまでの周期であり、この周期で月はほぼ同じような運動を繰り返すので、これを表にしておくと任意の日の月の位置がおよそ推測できるのである。

ただしこの周期はあまり正確ではなく、時間とともに誤差が蓄積していくので、より長い周期である三〇三一日や一二三七二日が用いられる。前者はバビロニアの影響を受けたギリシア語のパピルスにも検証されている。後者によると、一近点月の長さは、六〇進法では27; 33, 16, 26, 11…となるが、これもバビロニアの精密値27; 33, 16, 26, 57…と六〇進法の小数点以下第三位まで一致している。

北インドでは六世紀のヴァラーハミヒラの『五天文学書綱要』にバビロニア天文学に由来すると思われる要素が見えており、二四八日と三〇三一日という月の周期についても述べられているが、ヴァラーハミヒラ自身はこれらをバビロニア起源であるとは知らなかったであろう。そのような無文字の伝統が南インドでは一九世紀まで生き残っていたのである。バビロニアの天文学がいかなる経過でいつごろインドへ伝えられたのかは依然として謎であるが、月の位置による占いの発展と無縁ではなかったであろう。インドの南西部の海岸沿いにはシリア系のキリスト教徒が古い時代に移住してきたことはよく知られているが、バビロニア系の天文学を持ち込んだのもかれらであった可能性が大きい。

6　医学と占星術

古代から占いの対象は結婚・旅行・蓄財・建築・健康など人生のすべての分野にわたっているが、とりわけ人々が無関心でおれないのが健康と寿命であるから、占星術が医学と結びつくのは当然であった。プトレマイオスはこれを「イアトロマテマティカ」と呼んでいる。ギリシア語で「イアトロ」とは医学とか治療を意味し、「マテマティカ」ということばは古くは数学というよりもむしろ占星術の意味で用いられているから、この複合語は文字どおり「医占星術」という意味である。プトレマイオスによれば医学と占星術を完全に結合させたのはエジプト人であるという。実際エジプト起源とされる『ヘルメス文書』のなかにはヘルメス・トリスメギストスがアンモーンにあてた『イアトロマテマティカ』という作品がある。

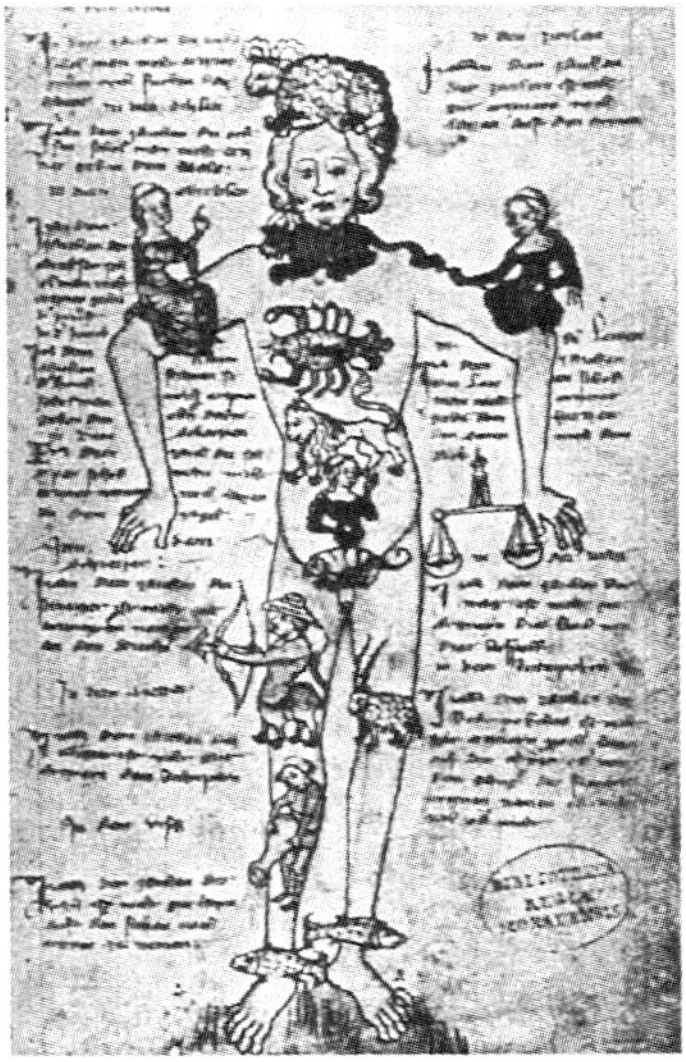

図 4–2　獣帯人間
（平凡社『イメージの博物誌』）

医占星術の基本概念のひとつは大宇宙と人間という小宇宙の身体的なアナロジーである。多少のヴァリエーションはあるが、ふつう獣帯人間というときはおひつじ宮を頭部に対応させ、おうし宮、ふたご宮と移るにつれて身体部位の下へと対応が移り、最後にうお宮が足と対応する。したがってこれをそのまま図像化すると、春分点のところで頭と足の裏とがくっついた奇妙な姿ができあがってしまう。しかし中世ヨーロッパではふつう図4－2のような直立した獣帯人間が描かれている。この対応は内臓あるいは病気にまで拡大される。

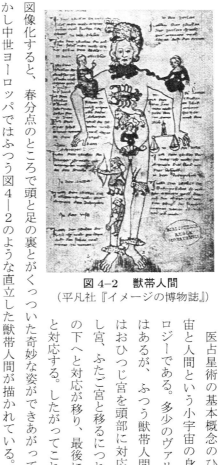

このような宇宙論的な人間と地上の人間とのアナロジーに基づく医占星術をはじめてインドに伝えたのはすでに述べた『ヤヴァナ・ジャータカ』であるが、そのような説を受け入れる素地は古くからインドにあった。

すなわち『リグ・ヴェーダ』にもみられるプルシャ（原人）神話であり、それによるとこの世界のすべてのものは原人が解体することによって生じたのである。「プルシャ」ということばはミクロのレヴェルでは「人間」という意味をもつから、まさにこのことばの用法そのものに古代インドの宇宙論が反映されているのである。建築学においては巨人プルシャは建築用の敷地にひそむ魔物としてとらえられ、「ヴァーストゥ・プルシャ」と呼ばれる。ヴァラーハミヒラによると、家を建てるとき、土台となる正方形の地面をプルシャの身体に見立て、それをいくつかに細分した部分を、プルシャの身体部位とみなすのである。たとえば北東の隅にはプルシャの頭があり、アグニ（火）神と同置され、中心部には心臓がありブラフマンであるとされる。

『ヤヴァナ・ジャータカ』がインドで翻訳された紀元後二―三世紀は、インドで医学が体系化され学術書としてまとめられつつある時期でもあった。したがってこの占星術書には、ほぼ同時代に成立した古典医学書『チャラカ本集』や『スシュルタ本集』にみられる説がしばしばとり入れられている。

たとえばヘレニズムの医占星術ではヒポクラテス医学に起源をもつ四体液説が重要な役割を果たしているが、『ヤヴァナ・ジャータカ』ではインド古典医学（アーユルヴェーダ）の三要素が用いられている。三要素とは火・水・風が抽象化された「ピッタ」「カパ」「ヴァータ」であり、人間をふくめて自然現象はすべてこの三要素からなっていると考えられている。

ギリシアの四体液とインドの三要素の関係は医学史においてもしばしば議論されるが、その影響関係を示す決定的な証拠はない。しかし占星術の文脈ではヘレニズム要素がはっきりとインドの文献に現れている。

いま『ブリハッ・ジャータカ』にみられる日月五惑星と三要素、四体液の関係を示すと表4―3のようになる。インドの三要素を日本語に翻訳する場合、ヴァータを体風素、カパを粘液素、ピッタを胆汁素とするのが通例であるが、この表ではかなり異なっていることがわかる。これは西方の四体液理論をインドの三要素理論になんとか適合させようとした占星術師たちの苦心の結果であろう。

惑星	ギリシア	インド
太陽	黄胆汁	ピッタ
月	粘液	カパとヴァータ
火星	黄胆汁	ピッタ
水星	可変	三つすべて
木星	血液	カパ
金星	粘液	カパとヴァータ
土星	黒胆汁	ヴァータ

表 4–3　四体液と三要素

このように占星術は当時の医学理論を取り入れようとしていたが、逆にインドの古典医学書はどの程度占星術的な要素を取り入れたかというと、意外に少ないことがわかる。ただひとつ興味深い事実をわたしは『スシュルタ本集』のなかに発見した。それは患者の死につながる悪い前兆を列挙する文脈で、「グラハ」と並んで「ホーラー」ということばがみられるのである。ここでは時間を支配する神としてのホーラーが意図されており、ヘレニズムに由来する概念が用いられていることは明らかである。

インド医学も元はといえば呪術から発達したものであるが、魔術や呪術の束縛から脱却することによってようやく古典医書にみられるような知の体系へとまとめられていったのである。したがってそこへ占星術が入り込んでわがもの顔する余地はなかった。しかし時代が下がるにつれて占星術師と医者は情報を提供しあうようになる。これに関しては現代の様子を拙著『占星術師たちのインド』（中公新書）でふれておいた。

7　インドの黄道座標

以上のようにインドの占星術は、古来の月を中心とする占星術とヘレニズム起源のホロスコープ占星術を組み合わせて、発展していったものであるということができるが、ここでインド占星術とヘレニズム占星術との決定的な違いについて述べておかなければならない。それは歳差にかかわるものである。

ギリシアでヒッパルコスが歳差を発見して以来、後退する春分点が黄道座標の原点になったことはすでに述べたが、インドでは座標原点として春分点ではなく、ある時期の春分点を「おひつじ宮の初点」（メーシャーディ）として固定し、それを原点とするようになったのである。その時期はヘレニズム天文学が輸入されはじめたころにあたり、逆算すると、西暦三〇〇年ころにあたる。「歳差」のことを知らなかったわけではなく、あえてこれを暦法にも占星術にも取り入れなかったのである。

歳差はサンスクリット語で「アヤナ」といい、歳差を考慮に入れないインドの伝統的な黄道座標のシステムを「ニル・アヤナ」という。これにたいして、西洋占星術のように逆行する春分点を基準とするのは「サ・アヤナ」方式である。またこの二つの座標原点の差は「アヤナーンシャ」と呼ばれ、暦法の重要な要素になっている。歳差はおよそ七二年に一度であるから、原点が固定された時期からおよそ一七〇〇年たった現在では「アヤナーンシャ」は二三度半にもなっている。これはいいかえると、西洋式の黄道座標とインド式の「ニル・アヤナ」黄道座標との差になる。これを太陽運動の日数にするとおよそ二三日になるから、たとえば西洋式の黄道座標で春分の日は三月二一日（または二〇日）であるが、インド式の「おひつじ宮」に太陽が入るのは四月一四日（または一三日）になるのである。したがって、たとえば四月一日生まれの人は、現代の西洋占星術では「おひつじ宮」であるが、伝統インド式占星術では「うお宮」なのである。

インドではなぜこのように歳差を取り入れようとしなかったのかというと、月の満ち欠けを中心とした暦を用いる非常に古くからの習慣と、これに基づいた独特の月の名付けかたがあったからである。インドの太陰月の名前はその月の満月に月が宿る星宿《ナクシャトラ》の名前の派生語である。たとえば「チャイトラ月」とは「チトラー」宿に満月が宿る月である。「ヴァイシャーカ月」は「ヴィシャーカー」宿で満月が起こる。チトラー宿は秋分点の近くにあるスピカが主星であるから、この満月の日には太陽はちょうど一八〇度離れた春分点の近くに位置することになる。このように星宿のうち月名として用いられるものを後に示す表6―1（一一九頁）のなかから取り出し、その派生語である月名を並べると表4—4のようになる。
もし歳差を取り入れたら、月名とその月の満月が宿る星宿の名前がずれていくことになってしまうので、それを避けようとしたのである。

宿名	月名
クリッティカー (1)	カールッティカ
ムリガシラス (3)	マールガシールシャ
プシュヤ (6)	パウシャ
マガー (8)	マーガ
ウッタラ・パールグニー (10)	パールグナ
チトラー (12)	チャイトラ
ヴィシャーカー (14)	ヴァイシャーカ
ジェーシュター (16)	ジャイシュタ
ウッタラ・アーシャーダー (19)	アーシャーダ
シュラヴァナ (21)	シュラーヴァナ
プールヴァ・バードラパダー (24)	バードラパダ
アシュヴィニー (27)	アーシュヴィナ

表 4–4　星宿名と月名

しかし一方、このような暦法によって、太陽の位置と月名の関係は犠牲にせざるをえなかった。つまり、本来春分のころの月であり、年の始まりでもあったチャイトラ月が、現在では「太陽のおひつじ宮入り」が起こる西暦の四月一四日または一三日をふくむ月になり、もともと冬至のお祭りである「マカラサンクラーンティ」を一月一五日ごろに祝うことになってしまったのである。

釈迦の誕生日はヴァイシャーカ月であるが、これは釈迦の時代ではちょうど花が咲きはじめる春の季節であり、「花祭り」にふさわしい月であった。しかし現在では、ほぼ五月にあたり、インドでは最も暑い時期になっている。

占星術でも、西洋式の黄道座標とインド式の座標はどんどんずれていくことを忘れてはいけない。現在は二三度半の違いであるが、あと四五〇年ほどたつとすっかり一宮ぶん異なってしまう。わたしはこのことを学生に理解させるために、西洋式とインド式の両方で「わたしは何々宮です」と答えさせるようにしている。

しかしインドでも英字新聞の「占いコーナー」では西洋式の座標を使っているものが目立つ。逆に最近では西洋占星術でも「恒星座標」と称して、インドの固定座標に似たものを採用する場合もあるようだ。

第五章　サーサーン朝ペルシア

世界のホロスコープ

地中海地方で発達したホロスコープ占星術は完成をみるかみないかのうちに東方へ伝えられていった。それぞれの土地でそれぞれの受け入れかたをされて変容をとげていくのであるが、そのペルシア的受容の典型がパフラヴィー語の文献『ブンダヒシュン』の「世界のホロスコープ」である。ゾロアスター教に基づく宇宙論を主題として、中世ペルシア語の一種で書かれたこの文献の最終成立年代は九世紀、つまり、サーサーン朝ペルシアはとっくの昔に崩壊し、アッバース朝でイスラーム文化が栄えていたころといわれるが、その内容は『アヴェスター』にまで遡る古い要素と、サーサーン朝期に地中海世界とインドから導入された新しい要素が混在している。オフルマズド（アフラマズダ）による宇宙の創造、世界の中央にある「テーラグ山」、それをとりまく山の東方と西方にそれぞれ開けられた一八〇の窓などの宇宙構造は古い伝承に属する。ギリシア科学が最初に伝えられたのはサーサーン朝のシャープール一世（二四〇年即位）の治世であった。やがて四・五世紀になるとインドの要素も入り込んでくる。『ブンダヒシュン』はこのような東西の文化の諸要素を混在させた興味ある文献である。

『ブンダヒシュン』は筆者が大学院生のとき、イラン学の権威であった伊藤義教先生からパフラヴィー語の文法を習ったあと、一対一で読んでいただいた思い出深い文献である。とくにホロスコープに関する部分は、のちに出版された先生の『ペルシア文化渡来考』（岩波書店、一九八〇年）のなかで詳しく論じられ、原典からの和訳も収められている。この書物が最近再出版された（ちくま学芸文庫、二〇〇一年）のは喜ばしいことである。

『ブンダヒシュン』の「世界のホロスコープ」とは世界が誕生したときのホロスコープにほかならない。善と悪、明と暗、静と動という二元対立を説くゾロアスター教によれば、悪の代表である侵略者アフレマンが到来するまでは、月も太陽も回転せずに静止しており、清浄にして永遠の昼（光明）であった。侵略者アフレマンが襲ってきたときはじめてそれらの天体は回転を始めた。つまりそのときこの世界は生まれたのであり、その時の天体の位置こそこの世の運命を告げるものであったのだ。

このように、世界が誕生したとき、日月五惑星と竜の頭と尾はそれぞれの高揚位にあったとするアイデアは、すでに述べたように、インドで『ヤヴァナ・ジャータカ』において見られ、ラーマのホロスコープへと受け継がれていったものであるが、その同じアイデアのペルシア版であると言えるだろう。

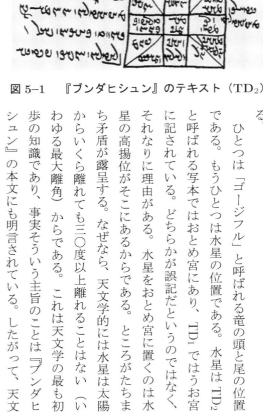

現在伝えられている『ブンダヒシュン』の二種類の写本のホロスコープ図では、これらの「宮」の名前とそこに位置する惑星の名前のみが記されている。これらの写本の間には異なる点が二つある。

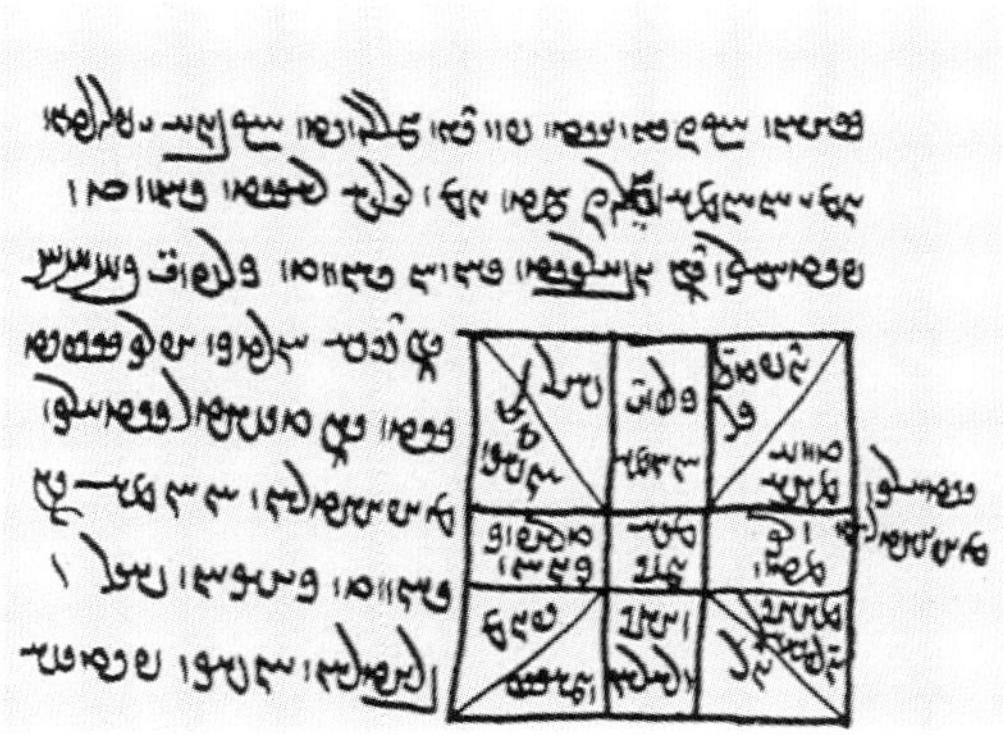

図 5–1　『ブンダヒシュン』のテキスト（TD_2）

ひとつは「ゴージフル」と呼ばれる竜の頭と尾の位置である。もうひとつは水星の位置である。水星は「TD_2」と呼ばれる写本ではおとめ宮にあり、「TD_1」ではうお宮に記されている。どちらかが誤記だというのではなく、それなりに理由がある。水星をおとめ宮に置くのは水星の高揚位がそこにあるからである。ところがたちまち矛盾が露呈する。なぜなら、天文学的には水星は太陽からいくら離れても三〇度以上離れることはない（いわゆる最大離角）からである。これは天文学の最も初歩の知識であり、事実そういう主旨のことは『ブンダヒシュン』の本文にも明言されている。したがって、天文

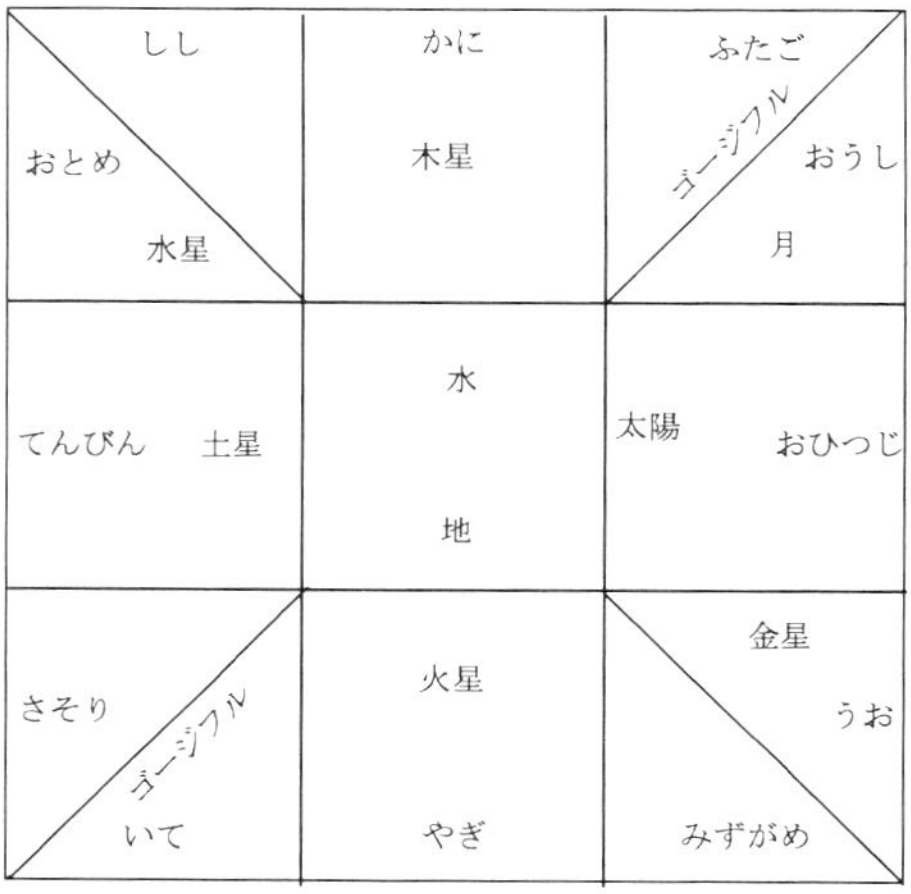

図 5–2　世界のホロスコープ

現象としてありえないようなホロスコープをでっちあげるわけにはいかないと思ったあるテキスト伝承者が、太陽の位置するおひつじ宮の隣のうお宮へ水星を移したのであり、その伝承が「TD_1のホロスコープ図に保持されているのである。

ところでうお宮は金星の高揚位がある宮だから、世界のホロスコープの金星の位置はここにあるはずであり、実際テキスト本文ではそう書かれているが、「TD_1」の図では水星がはいりこんで来たものだから金星は行方不明になっている。また不思議なことに水星がおとめ宮にある「TD_2の図でもうお宮には金星の代わりにゴージフルが入っている。テキストの図を本文に即して訂正すると図5—2のようになる。

太陽の位置に関しても矛盾がある。ペルシア暦は年の初めを春分とするのがその特徴のひとつである。万物は春分から新たな胎動をはじめる。実際「世界のホロスコープ」でもアフレマンが侵略を開始したのは春分の日の正午とされている。春分の日とは太陽がおひつじ宮の初点に位置する日のことである。ところがその舌の根が乾かぬうちに、そのときの「上昇点」がかに宮の一九度（黄経一〇九度）であったとしている。正午にかに宮の一九度が上昇点であるとすると、南中している太陽の位置はおひつじ宮の一九度、つまりその高揚位に位置していなければならない。しかしそれでは春分の定義と矛盾してしまう。

このようないわば「にせもののホロスコープ」はすでに述べたインドの「ラーマのホロスコープ」と同様である。

なお現代のホロスコープ図では上昇宮を左に置いて、真上を天頂とし、右側に下降宮を置くのがふつうのようであるが、『ブンダヒシュン』では右に九〇度回転させて上昇宮を真上に置いている。インドでもイスラームの占星術でもこの配置が主流である。

ゴージフルとドラゴン伝説

世界のホロスコープにみられる「ゴージフル」には長い歴史的な背景があるのでこれについて述べておこう。

中世ペルシア語の「ゴージフル」はアラビア語では「ジャウザハル」になり、いずれも月の軌道と太陽の軌道の昇交点と降交点にとぐろをまいて日月食を起こす竜である。ところがこの言葉を古代ペルシア語まで遡ると、「ガオ・チスラ」にいたる。辞書によるとこの語の前半は「牡牛」、後半は「白く光るもの」で全体としては「月」の異称であるという。したがって本来は「竜」という意味はなかったし、日月食を起こす魔物とも関係はなかった。

この意味の転換をドイツの科学史家ウイリー・ハルトナーの説によって説明すると次のようになる。ヘレニズム天文学の影響により、サーサーン朝の時代には日食の原因がほかならぬ月であることが知られるようになったが、一方食を起こすドラゴンの影響力も大きかったので、占星術師たちは「竜」をストレートに「月」に置きかえることをためらい、その代りに遠い昔に月の異称として用いられていた「ゴージフル」を一種の婉曲表現として採用した。しかし一般にはこの語の本来の意味は忘れられていたので、けっきょく食を起こす魔物そのものを意味すると理解されるようになったのである。

ところで『ブンダヒシュン』ではゴージフルはどのように扱われているだろうか。まず「世界のホロスコープ」について述べる部分で、日月五惑星とならんでゴージフルの位置が次のように述べられている。

ゴージフルは天の中に蛇のごとく横たわり、頭はふたご宮に、そして尾はいて宮にあった。すなわち頭と尾の間にはつねに六宮がある。そしてそれは後方に向かって走り、一〇年ごとに頭のあるところが尾となり、尾のあるところがまた頭となる。（伊藤訳を多少改変）

ここでゴージフルの頭と尾が月の昇交点と降交点をさしていることは明らかである。それらはたがいに一八〇度（六宮）離れており、その逆行周期はおよそ一八年半であるが、このテキストでは半周で一〇年という概数に変えられている。

ところが同じテキストを少し読み進むと次のような奇妙な部分に出くわす。

ひとびとがカーヨースの道（銀河）と呼んでいる、天のこの徴条は蛇ゴージフル―天空にあって上で細説したもの―の光芒である。

図 5–3　ドラゴン
アブー・マアシャルの『宗教と王朝の書』のラテン語訳（1515 年）より

ゴージフルが月から竜に転換するまでの道程は平坦なものではなかったにちがいない。ゴージフルのいくつかのヴァリエーションの中で銀河にかかわるものがあっても不思議ではない。というのは「ゴー」(go-/gao-) は印欧語としてはふつう牡牛ではなく雌牛であり、それの「白く光るもの」といえばミルク＝銀河を連想するほうが自然だからである。この部分によれば、ゴージフルが蛇に擬せられていることは前と同じだが、天空上に静止していること、さらに銀河と関係付けられていることが異なる。文脈的にみても前後としっくりいかないので後世の付加であるとみなし、削除するのが通例だという。しかし、わたしには削除するには惜しい異説に思われる。『ブンダヒシュン』自体が古い要素と新しい要素とを混在させた奇妙な文献なので、このような混乱は混乱として残しておいたほうがおもしろい。

さらにこのような連想を助けるもうひとつの要素がある。日月五惑星はそれぞれの高揚位にあるとき最も大きな力を発揮する。インドのラーフ・ケートゥと同じように、昇交点・降交点としての竜の頭と尾があたかも惑星と同じような資格で扱われるようになったとき、それらに与えられた高揚位はそれぞれふたご宮の三度といて宮の三度であった。ところで天球図を広げてみると、黄道と銀河は二ヵ所で交わっている。

ひとつはふたご座の足下であり、もうひとつはいて座の弓のあたりである。「世界のホロスコープ」におけるゴージフルの頭と尾の位置をそのまま固定して視覚化すると、その胴体として銀河が浮かび上がってくるのは当然ではなかっただろうか、というのがわたしの解釈である。

インドのラーフの神話とイランのドラゴン神話のいずれが先かという問題をわたしは解決したわけではない。しかし、「ラーフ」はほんらいドラゴンではなかったはずであり、甘露を盗み飲んだためにシヴァ神によって頭と尾に切り離されたというのはむしろ西方のドラゴン神話の影響ではないかと思っている。

『ブンダヒシュン』にみられるような、個人を越えたものをホロスコープの対象にするというアイデアは、イスラーム世界に受け継がれ、王朝の運命や都市の運命もホロスコープによって解釈されるようになった。第二代カリフのアル・マンスールがアッバース朝の都をバグダードに建設するさい、その礎石を置く日時をホロスコープによって決めたという有名なエピソードがある。これには三人の占星術師がたずさわった。ゾロアスター教からイスラーム教へ改宗したナウバフト、ペルシア系ユダヤ人マーシャーアッラーフ、タバリスターン出身のペルシア人ウマル・イブン・ファッルハーンである。その結果として採用されたのは西暦になおすと七六二年七月三〇日であった。このような伝統は中世ヨーロッパのいくつかの都市のホロスコープとして受け継がれていった。

『ブンダヒシュン』は千年をひとつの周期としている。十二宮のそれぞれが千年ずつ支配するので、一万二千年がもうひとつの周期である。こうしてサーサーン朝で歴史を千年単位で解釈するようになったことが占星術にも応用され、のちにマーシャーアッラーフの『千年紀』のような書物も著される。こうしてサーサーン朝で起こった「歴史占星術」はイスラーム時代に入っても大きな流派になった。一四世紀後半の歴史学者イブン・ハルドゥーンはこの問題を『歴史序説』の

第三章五二節で詳しく論じている。

ギリシア科学がイスラーム世界へ伝えられて中世ヨーロッパへ里帰りしていくという歴史の流れは今や当然のこととして受け入れられるようになったが、そのさい、イスラーム科学がインドとイランから受け取った影響についてはまだ十分に研究されているとは言い難い。とくにイランのゾロアスター教の役割についてはまだ興味深い事実が発見できるであろう。最近出版され、いちはやく邦訳されたグタスの『ギリシア思想とアラビア文化』（山本啓二訳、勁草書房）はそのような側面についてもめくばりをした好著である。

なおゾロアスター教は死滅してしまった宗教ではなく、現在でもインドのムンバイを中心とした地域には多くの信者がいる。わたしが二〇〇三年にインドの学術会議主催の学会に招待されたとき、宗教問題に関しては、「政教分離」を国是とするたてまえからか、ヒンドゥー教、イスラーム教、ジャイナ教、仏教、キリスト教に続いて最後にゾロアスター教の代表者が意見を述べた。またインドきっての財閥で、トラックだけでなく最近は大衆的な国産車を製造するようになったタタ（ＴＡＴＡ）の家系はゾロアスター教徒であるといわれている。

第六章　インドから中国へ

1　インド古来の占い

太陰占星術

ヘレニズムの占星術がインドへ入る前にもインドでは独自の占星術が流行していた。それは月が主要な役割を果たすものであり、月と月の背景に位置する星座または恒星との関係による占いであった。惑星を中心とするホロスコープ占星術と対照的なこのインド古来の占星術を、わたしは「太陰占星術」と呼ぶことにしている。この占いの起源はたいへん古く、ヴェーダ時代にまで遡ることができる。紀元前八〇〇年頃とされる『アタルヴァ・ヴェーダ』や『タイッティリーヤ・サンヒター』には「ナクシャトラ」と呼ばれる二八の星座が月の位置をあらわす目安として選ばれている。月はおよそ二七・三日で恒星をひとめぐりするので、ナクシャトラは月の夜ごとの「宿」

とみなされたのである。したがって「月宿」のほうがふさわしいかもしれないが、本書では仏典の用例にしたがって「星宿」ということばを用いる。

古いヴェーダ文献には星宿による実際の占いの手法は述べられていないが、『アタルヴァ・ヴェーダ』の「補遺《パリシシュタ》」や原始仏教文献にその様子を垣間見ることができる。ちなみに、わたしの手元に『ジャータカ全集』（春秋社）第一巻があるので、これを開いてみると、いたるところに「前兆」や「星宿」ということばがみられる。たとえば冒頭の「遠い因縁話」にはいろいろな前兆が列挙されるなかで、

ヴィサーカー［星宿］が月と合しました。かならずあなたは仏となるでしょう。

というくだりがある。パーリ語の「ヴィサーカー」はサンスクリット語では「ヴィシャーカー」であり、表6―1（一一九頁）では一四番目の星宿である。表4―4（九九頁）のように、ここに満月が位置する月が「ヴァイシャーカ」月であり、釈迦の誕生が「ヴァイシャーカ月の満月の日」とされるのはこのような伝承に根拠がある。「ヴァイシャーカ」はパーリ語を経て「ウエサク」と転訛した。京都の鞍馬寺では毎年五月の満月の日に「ウエサク祭」が行われる。東山から出る満月をお迎えして釈迦の誕生をお祝いするのである。

また同じジャータカの物語のなかで、

あたかも、日食からのがれた太陽が灼熱で輝くように

という表現がみられるが、訳注によると「日食からのがれた」は字義通りには「ラーフから解放された」であり、ここではすでにラーフが日食を起こす魔物であるとみなされている。

また「遠くない因縁話」では、

[ボーディサッタは]ウッタラーサーラ星宿[に満月が宿る日]に入胎されたのである。

とある。「ウッタラーサーラ」はサンスクリット語では「ウッタラーシャーダ」であり、ここで満月がおこるのは「アーシャーダ月」であり、仏陀生誕のちょうど一〇ヶ月前にあたる。同じ文脈で仏陀の吉相や夢占いも述べられている。

さらに同書第五章の一部である「ヴェーダッバ前生物語」には「財宝の雨を降らせる星宿」ということばが見られる。またこれに続く「星宿前世物語」には結婚のために縁起のよい日についてあらかじめ相談を受けなかった占い師が意地悪して破談にさせるエピソードがある。この物語

で興味深いのは、最後に「星宿のご利益」が次のようなことばで否定されていることである。

「めでたい」星宿を待ってはいたが、
ご利益は愚か者を素通りして行った。
「娘をめとるという」利益が、利益のある「めでたい」星宿なのだ。
いったい星に何ができようか。

この意地悪な占い師はアージーヴィカ教徒と呼ばれている。アージーヴィカ教は漢訳仏典で「邪命外道」といわれる新興宗教の団体であり、宿命論的な立場をとっていたといわれる。

『アタルヴァ・ヴェーダ』に見られる呪術も民間に起源をもつと思われるものが多いが、占星術を中心とする占いも、インドの正統バラモン社会から生まれたものとは思えない。このような古い占星術の社会的な背景を物語っているのが、仏教文学の一分野である「アヴァダーナ」のひとつ、『シャールドゥーラカルナ・アヴァダーナ』という文献である。

『シャールドゥーラカルナ・アヴァダーナ』

この書物は、そこにみられる暦法などの内容からみて、紀元前後のころに成立したものとみなすことができるだろう。仏陀の最愛の弟子といわれるアーナンダ（漢訳では阿難）と、かれが托鉢にでかけたときに飲み水を乞うたマータンガ族の族長の娘プラクリティの純愛物語という舞台設定になっている。マータンガ族は当時のいわゆる「アーリア人」を自称する支配階級から蔑視された部族であった。仏弟子アーナンダは差別をものともせず、プラクリティからもらった水を飲み、平等主義を説き、バラモンの差別主義を批判する。プラクリティはアーナンダに想いをよせ、かれとの結婚を願って仏陀に会うが、仏陀の説法を聞いて気持ちを変え、剃髪して比丘尼になる。その後仏陀は次のようなプラクリティの前世の物語を弟子たちに説く。

前世ではプラクリティはプシュカラサーリンというバラモンの娘で、美貌なうえすべての学問と教養を身につけていた。一方マータンガ族の王トリシャンクには、ハンサムでプラクリティにも劣らぬ教養をもった王子シャールドゥーラカルナがいた。王はこの王子をプラクリティと結婚させたいと申し込んだが、「生まれの違い」を理由に断られた。これにたいしてトリシャンク王は見事な「反バラモン」「反カースト」の論陣を張る。そしてたとえ身分は低くても、すぐれた教養があることを示すために、占星術の知識を披露するのである。こうして舞台設定が終わったあとは、主題は専ら占星術になる。その内容はおよそ次のとおりである。

星宿の形・星数・食べ物・姓《ゴートラ》、星宿と月の合、惑星、昼夜の長さ、時間の単位ムフールタ、距離の単位クローシャとヨージャナ、星宿と金・穀物、星宿と人の性格、星宿の指示するもの、星宿と都市・民族・国・地方、季節、初雨、ラーフ、月食、星宿と仕事、星宿の分類、地震、捕縛と解放、囚人の囚われの期間の長さ、黒子《ほくろ》による占い。

惑星はまだほとんど役割を果たしてはいなかったようであり、「金星、木星、土星、水星、火星、太陽、月が惑星《グラハ》である」と列挙している部分があるだけで他にはなんの説明もなく、惑星による占いも述べられていない。惑星を欠いたこのような占星術は『アタルヴァ・ヴェーダ』の「補遺」にもみられる特徴である。この「補遺」はその冒頭に太陰占星術の章を設けているが、その内容は『シャールドゥーラカルナ・アヴァダーナ』とほぼ同じである。

このように、インドの古い占星術はバラモン社会とは別のところに起源があったように思われるが、これに関して興味深い示唆を与えるのがジプシーの占星術である。ヨーロッパではジプシーの間でさまざまな古い占いが文字化されずに口承で伝えられているが、ジプシーの起源は北インドにある。高度に数理化されることのなかったインド古来の素朴な星占いの起源も、「マータンガ族」と呼ばれるような、ジプシーに似た部族に求めることができるかもしれない。

2　科学の乗りものとしての仏教

仏教は大きく分けて「大乗仏教」と「小乗仏教」の二つに分けられる。「大乗」とは文字どおり「のりもの」である。「大乗」はだれでもが乗ることのできる教えであり、「小乗」は修行を積むことのできる限られた人々の乗りものであるといわれる。しかし小乗であれ大乗であれ、仏教がインド文化を周辺の国々へ伝えた乗りものであったことには変わりがない。仏教の名のもとに、インドの建築、美術、音楽、医学、天文学、暦法、占星術なども周辺の文化圏へ伝播していった。なかでもインドの占星術は仏典の中にとりこまれてアジアの各地に伝えられ、人々の習慣にまで浸透し、現在にいたっても生き続けている。ここでは中国に伝えられたインドの占星術について述べよう。

『摩登伽経』と『舎頭諫経』

インドの太陰占星術を主要なテーマとする『シャールドゥーラカルナ・アヴァダーナ』は早くからインド周辺の仏教徒の関心をよんだようであり、非常に古くから数度にわたって漢訳されている。最も古いのはパルティアの皇太子安世高《あんせいこう》が二世紀半ばに訳したものであると言われているが断片的引用しか残っていない。完全な訳は二種類が現存し、『大蔵経』に収められている。ひとつは呉の竺律炎《じくりつえん》と支謙《しけん》（三世紀）による『摩登伽《まとうが》経』であり、もうひとつは西晋の竺法護《じくほうご》（四世紀始め）による『舎頭諫《しゃずかん》太子二十八宿経』（『舎頭諫経』と略す）である。「摩登伽」は「マータンガ」の、「舎頭諫」は「シャールドゥーラカルナ」のそれぞれ音訳である。これら二種類の翻訳は、同一のサンスクリット原典に基づいていたかどうかを疑わせるほどの相違がある。とくに、物語の中心を占める占星術の扱い方はかなり異なっている。もちろんその相違のなかには翻訳者に帰せられるものもあるだろう。

その相違はたとえば、インドの星宿《ナクシャトラ》の翻訳に表れている。もともと中国にも似たような概念である「二十八宿」があるが、それらは本来起源が異なるものである。しかし『摩登伽経』は翻訳に当たって中国の二十八宿名をそのままあてている。一方『舎頭諫経』は原語の意味をとって翻訳している。これらを対照させると表6—1のようになる。『舎頭諫経』は『摩登伽経』よりも後の翻訳でありながら、『摩登伽経』の存在を知らずに独自の訳をしたのではないかと思われる。

『舎頭諫経』の訳語はサンスクリット語の原意を理解しようとした苦労の跡がしのばれる。最初の「クリッティカー」を「名称」と訳したのは、サンスクリット語の kṛttikā の語源を、「名声」を意味する kīrti という単語と関連していると解釈したためであろうと思われるが、この解釈は誤っている。二番目の「ローヒニー」は「成長する」という意味の動詞 ruh- の派生語と考えることができるから、「長育」はいい訳である。その他の訳語もそれほど悪くはないが、明らかに間違っているものもある。

七番目の「アーシュレーシャ」(Āśreṣā) は本来語頭音が長いのであるが、短い形 (Aśreṣā) で伝えられたため否定の接頭辞 a- で始まると理解されたようである。同様の誤解は二〇番目の「アビジット」の解釈のさいにも起こっている。一一番目の「ハスタ」は「手」という意味であるが、サ

	サンスクリット	摩	舎
1	クリッティカー	昴	名稱
2	ローヒニー	畢	長育
3	ムリガシラス	觜	鹿首
4	アールドラー	参	生告
5	プナルヴァス	井	増財
6	プシュヤ	鬼	熾盛
7	アーシュレーシャ	柳	不観
8	マガー	星	土地
9	プールヴァ・パールグニー	張	前徳
10	ウッタラ・パールグニー	翼	北徳
11	ハスタ	軫	象
12	チトラー	角	彩畫
13	スヴァーティー	亢	善元
14	ヴィシャーカー	氐	善格
15	アヌラーダー	房	悦可
16	ジェーシュター	心	尊長
17	ムーラ	尾	根元
18	プールヴァ・アーシャーダー	箕	前魚
19	ウッタラ・アーシャダー	斗	北魚
20	アビジット	牛	無容
21	シュラヴァナ	女	耳聴
22	ダニシュター	虚	貧財
23	シャタビシャジュ	危	百毒
24	プールヴァ・バードラパダー	室	前賢
25	ウッタラ・バードラパダー	壁	北賢
26	レーヴァティー	奎	流灌
27	アシュヴィニー	婁	馬師
28	バラニー	胃	長息

表 6–1　28 宿とその漢訳名
摩 = 摩登伽経　舎 = 舎頭諫経

ンスクリット語で「手をもつもの」(hastin) といえば象を意味するので、そのような訳語が採用されたのだろう。二七番目の「アシュヴィニー」(aśvinī) も本来関係のない語である「馬」(aśva) と関係づけられたと思われる。このような誤解は、連想の体系ともいえる占星術の理論にもそのまま関わってくるということを注意しておきたい。

なおこの表では二十八宿の先頭をクリッティカーとしているが、後に等間隔の座標として二十七宿が用いられるときにはアシュヴィニーから数える。このちがいは歳差に由来するものである。この二十七宿の場合は二〇番目のアビジット（牛宿）が除かれる。

漢訳者たちの年代だけを比べると『摩登伽経』のほうが『舎頭諫経』よりも先に成立しているが、このような訳語を比べると『舎頭諫経』のほうが古い伝統を保持しているように思われる。あるいは次に述べるように、『摩登伽経』の訳者は新しい情報を織り込もうとしていたとも言える。

新しい要素

『シャールドゥーラカルナ・アヴァダーナ』には惑星の名前だけはかろうじて登場しているが、曜日の順序はみられない。ところがその漢訳である『摩登伽経』には日月五惑星が曜日の順序で列挙されている部分がある。曜日の順序が年代決定の重要な決め手になると考えているわたしにとっては重大な問題である。この謎を説明するためには次の二つのいずれかを仮定しなければならない。ひとつは、単純にこの部分を後世に付加されたものであるとみなすことである。もうひとつは、竺律炎と支謙がインドからとはまったく別の経路で、西洋の曜日の概念をいちはやく知っていた可能性を想定することである。『摩登伽経』は西域で作られたといわれるからこの可能性も捨て去ることはできないが、もしそうであることが証明できれば、東西交渉史に新しい一石を投ずることになるだろう。

これらの訳経は漢訳仏典の中でもとくに古い時代に属するので貴重な資料である。しかしこれらが中国の占星術にどれほどの影響を与えたかは不明である。

『摩登伽経』は七曜のほかに「羅睺《らこう》」と「彗星」を加えて九曜を数えている。羅睺はラーフの音訳であるが、ケートゥの方はラーフの尾ではなく、尾をはためかして天空をめぐる彗星として理解されているところが注目に値する。後にラーフの尾というイメージが確立すると計都《ケートゥ》は「蝕神尾」とも呼ばれる。九曜は後に中国で「九執」と訳される。すでに述べたようにインドの「グラハ」は「とらえる」という意味をもっているから、「執」はいい訳語である。九つのグラハ、つまり「九執」はインドの天文学・占星術を象徴的に表すものとみなされるようになったので、あとで述べるように、唐の時代に中国に紹介されたインド式の暦算書は『九執暦』と名付けられたのである。

『大集経』

大正大蔵経第一三巻に収められている『大方等大集経』（略して『大集経』と呼ばれる）には、その名前のとおり非常に多様な内容が集められているが、なかでもその第三四―四五巻（日蔵分）と第四六―五六巻（月蔵分）は天文学と占星術の要素が数多くみられ、きわめて興味深い部分である。学生時代わたしが教わったことのある善波周先生の論文『『大集経』の天文記事』はこの部分を最初にとりあげたものである。この経典に集められている天文知識には、『摩登伽経』および『舎頭諫経』にまで遡る古い要素にまじって、西方から伝えられた新しい要素がみられる。

インドのヴェーダ時代には二十八宿はクリッティカー（昴）から数えていた。この数え方は先に示した表6―1のように、『シャールドゥーラカルナ・アヴァダーナ』やその漢訳にも見られるものである。ギリシアの天文学がインドに導入された後では二つ手前のアシュヴィニー（婁）宿の初点が「おひつじ宮の初点」と定義され、ここが座標の出発点になる。実際六世紀頃の成立と考えられる『大集経』の「月蔵分」でも婁宿を先頭にしている。ところが同じ『大集経』でも「日蔵分」は昴宿と婁宿の間の胃宿から列挙を始めているのである。先頭の星宿はその時代の春分点をある程度反映しているとみなすことができるから、「日蔵分」は月蔵分よりも数世紀前に属する伝承を伝えていることになる。

「月蔵分」で興味深いのは、十二宮の名称がここではじめてみられることである。表6―2に

おひつじ (meṣa)	迷沙	おうし (vṛṣa)	毘利沙
ふたご (mithuna)	彌偸那	かに (karkaṭaka)	羯迦吒迦
しし (siṃha)	菘呵	おとめ (kanyā)	迦若
てんびん (tulā)	兜羅	さそり (vṛścika)	毘離支迦
いて (dhanus)	檀珸婆	やぎ (makara)	摩伽羅
みずがめ (kumbha)	鳩槃	うお (mīna)	彌那

表 6–2　12 宮のサンスクリット語からの音訳

示したように、それらはすべてサンスクリット語の音訳である。もうすこし後の時代になると、十二宮の名称は表6—4（一三二頁）のように、すべて意訳されるので、ここにみるのは最も古い訳語であるといえるだろう。この音訳語があらわれる「月蔵分」の文脈は、「惑星の家」に関するものであり、表3—4（五四頁）と実質的には同じであるが、それに加えて十二宮のそれぞれと二十八宿との対応を示している。

『九執暦』

唐の開元年間に編纂された『開元占経』のなかに含まれる『九執暦』はインド系の天文学書であり、開元六年（七一八年）に瞿曇《くとん》悉達《しつだ》という人物によって著された。この著者は中国に帰化したインド人系天文学者の家系であるゴータマ（瞿曇）家の第六世代に属し、唐の国立天文台で活躍していた。この書物はインド天文学では「カラナ」と呼ばれる分野に属し、暦の計算の起点（暦元）を近い過去（西暦六五七年の春分）にとり、簡略化した計算によって暦を作成することを目的としている。インド暦の特徴をうまく説明しており、最後に日食・月食の計算について詳しく述べる。とくに月食における月の視差の計算にはすぐれた理論が取入れられている。その天文定数や計算法はインドの代表的なカラナであるヴァラーハミヒラの『五天文学書綱要』（六世紀中葉）や、ブラフマグプタの『カンダカードヤカ』（六六五年）と共通するところが多い。

『九執暦』は冒頭でインド系の一〇進法位取り数表記を取り上げ、「数字は九つだけであり、すべてひと筆書きであり、ある位の数が一〇になれば上の位にあがる。空位があるごとに点を置き、どの位にも何かが記されるので間違いがなく、計算も眼に便利である」と述べている。

また周天度数を一年の日数とする中国の習慣とは異なり、インドではちょうど三六〇度を用いるということにも注意を促している。黄道座標を用いているが、十二宮の名前はみられない。ただし、春分点からの半円を「殺首」、秋分点からの半円を「秤首」ということばであらわしている。それぞれ「おひつじをはじめとする六宮」「てんびん宮をはじめとする六宮」という意味である。これらはさらに拡大適用され、太陽と月の中心差を求めるさいの引数が〇度から百八〇度までのときを「殺首」、一八〇度から三六〇度までを「秤首」と呼んでいる。

日食の計算の過程では、インド起源の三角関数を用いていることが注目に値する。インド天文学は現在われわれが用いるサイン（正弦）関数の元になった「半弦の表」を用いるが、その表を最初に完成したのは前述のアールヤバタである。『九執暦』に見られる「半弦の表」はアールヤバタのものと同一である。

しかしせっかくこのような数理天文学の新しい道具が伝えられたにもかかわらず、中国の天文学者たちはそこから学ぼうとはしなかった。むしろ後の中国の天文学書が『九執暦』についてふれるときには、その計算結果が中国のそれと比べて「粗」であるとして批判するのが常である。

中国では昔から計算の「精度」が重視され、理論的な刷新は二の次であった。したがってインド天文学が理論の面ではすぐれていても、精度の点では中国の計算結果より劣るとして、あまり高く評価しなかったのである。このように、『九執暦』を通して見られる中国とインドのきわだった相違をはじめて指摘したのは、筆者が最も多くの学恩を受けた藪内清先生である。

『九執暦』はその名前にもかかわらず、惑星についての記述はない。しかしこの書物ではじめて惑星が支配する日、つまり「曜日」の計算方法が登場する。簡単にいうと、暦元からの積算日数（積日）を求めて七で割って余りを求めるのである。暦元の日は熒惑（火星）が支配する日（火曜日）なので、割り算の余りが一なら火星、二なら水星と順に惑星を割り当て、余りがゼロ（空）、つまり割り切れると太陰が支配する日（月曜日）とするのである。このように計算法だけを述べ、「この七曜に関する占いについては別に詳しく述べる」というが、その「別の書物」が何をさすのかは不明である。そのような占いの書物が当時すでに存在していたではあろうが、まもなく次に述べるような書物がその役割を果たすようになる。

『梵天火羅九曜』

本書の冒頭で東寺の「火羅図」について述べたが、これにもっとも近い情報を与えるテキストが大正大蔵経の「密教部」に収められている『梵天火羅九曜』である。「一行禪師修述」とあるから、密教の高僧として有名な一行《いちぎょう》（六八三―七二七年）が関与していることはたしかである。一行は数理天文学者としてもすぐれた業績を残しており、藪内先生が発見されたことだが、太陽と月の位置の計算理論にガウスの補間法に相当するものが用いられていたことはとくに注目すべきことである。

一行が作った「大衍暦」は中国では七二九年から七六一年まで公式に施行され、日本でも七六四年から八五六年まで用いられた。

しかしこの『梵天火羅九曜』は数理的な要素をいっさい含まない密教書である。九曜を羅睺、土星、水星、金星、太陽、火星、計都、月、木星の順に並べ、それらの真言、大きさ、支配する季節と月、支配年、異名、支配地域、支配項目、神像、その星のもとで生まれた人物の運命などについて述べている。またそれぞれの神像の図も描かれている。この配列順序にどのような意味があるのか不明である。

支配年はおそらく誕生の年から数えるのであろうが、一年目は羅睺に当てられ、九年目まで右に述べた順に九曜が割り当てられている。一〇年目には最初の羅睺にもどる。これを一一回繰り返している。最後の九九年目は木星が支配することになる。人間の寿命を最大限一〇〇歳とみたのであろう。

たとえばこの書の木星に関する部分を読むと次のとおりである。――「東方」を支配する「木精」の性情をもち、その周囲は百里で地上では「魯」と「衛」の国を支配し、この星のもとに生まれた人は「加官進祿」し「萬事吉祥」である。年齢が九、一八、二七、三六、四五、五四、六三、七二、八一、九〇、九九歳のとき大吉である。その神像は、公卿の姿で、青い衣を着て、冠をかぶり、手には花と果物を持っている。

惑星神の図像は東寺の「火羅図」にも反映されている。また「火羅図」には惑星の名前が中国語と並んでソグド語でも記されているが、それらのうち、「密」(太陽)、「漠」(月)、「雲漢」(火星)「那頡」(金星)などは、あとで述べる『宿曜経』だけでなく、この『梵天火羅九曜』にも見られる。

またこのテキストの後半に「聿斯《いつし》經云」ということばが見られることも注意しておきたい。『密教占星術』(東京美術)で述べたように、これは「都利聿斯《とりいつし》經」をさしており、「都利聿斯」とは人名「プトレマイオス」に由来するとわたしは考えている。ただし「都利聿斯經」がプトレマイオス自身の書物であるというわけではない。ヘレニズム世界でも多くの占星術書が根拠なく「プトレマイオス」に帰せられているから、おそらくそのようなたぐいの西方起源の占星術書をさしているものと思われる。いずれにせよこれはサンスクリット語からよりもむしろ、パフラヴィー語、シリア語あるいはソグド語あたりから翻訳されたものであろう。

この他にも、『宿曜儀軌』という書物が「一行撰」と呼ばれている。これは惑星に対する印形の結びかたと真言《マントラ》が中心の儀礼書である。ここでは九曜は「日・月・火星・水星・木星・金星・土星・羅睺・計都」の順になっている。つぎに述べる新しいインドの占星術の材料が次第にととえられていくのであるが、それとならんで、恐ろしい災いをもたらす「グラハ」を鎮静するための方法もいちはやく導入されつつあったのだ。

3　新しい占星術

『宿曜経』

インドの新しい占星術が唐の時代に中国に伝えられたことを見事にあらわしているのが『文殊師利菩薩及諸仙所説吉凶時日善悪宿曜経』(『宿曜経《すくようきょう》』と略す)である。この長いタイトルによると、文殊師利菩薩と諸々の仙人が説いた経典ということになるが、実際は「訳者」とされる不空《ふくう》(七〇四―七七四年)が著者であるとみなしてよい。不空はインド名をアモーガヴァジュラといい、北インドのバラモンの家に生まれたが、幼い時に両親をなくし、叔父に従って東国を旅行するうちに、一五歳のとき、インド出身で中国で密教を広めていた金剛智にめぐりあい、弟子入りした。

師の教えをまたたくまに吸収し、師が開元二九年（七四一）に亡くなったあと、その遺言にしたがって経典収集の旅に出かけた。

不空は同年一二月に出発し、南インドとスリランカを旅行して多くの経典を集めた。七四六年に長安に戻り、目の当たりにしてきた新しいインドの占星術を弟子に口述筆記させた。まず七五九年に密教の弟子である僧史揺《しよう》が初訳したが、あまりにインド的な香りが強かったので、不空はこれでは中国人読者には歓迎されないと思ったらしく、俗人の優秀な学者楊景風《ようけいふう》に改訳を命じた。これが完成したのが七六四年である。この経典は大蔵経の「密教部」に上下二巻として収められているが、拙著『密教占星術』で明らかにしたように、上巻は楊景風の改訳で、下巻が史揺の初訳である。

このタイトルにみられる「宿」はすでに述べたインドの古い占星術を代表する星宿である。星宿は不空が最初に口述した『宿曜経』ではインド起源の二十七宿であったが、改訳と伝承の過程で中国人にとってよりなじみやすい二十八宿体系へと変更を加えられた。その形跡を示すのが中国の大蔵経に基づいた大正大蔵経テキストである。しかし高野山や東寺に伝えられる古い写本は二十七宿体系を保存している。

『宿曜経』の「曜」はもちろん七曜であるが、これこそインドから中国に伝えられた占星術の新しい要素であった。本書の冒頭で述べたように、曜日はこのころようやく中国に知られはじめ

中国名		胡名		波斯名		天竺名	
日	太陽	蜜	myr	曜	ēw	阿徐底耶	āditya
月	太陰	漠	m'x	婁禍	dō	蘇摩	soma
火	熒惑	雲漠	wnx'n	勢	sē	盎峨羅迦	aṅgāraka
水	辰星	咥	ṭyr	製	čahār	部陀	budha
木	歳星	温没斯	wrmzṭ	本	panǰ	勿哩訶婆跋底	bṛhaspati
金	太白	那歇	n'xyδ	數	šaš	戌羯羅	śukra
土	鎮星	枳浣	kyw'n	翕	haft	賒及以室折羅	śanaiścara

表 6–3 曜日の名称

ていた。史揺の初訳である『宿曜経』の下巻には次のように述べられている。

いったい七曜とは、いわゆる日月五惑星であり、人間《じんかん》において支配する。一日にひとつずつ交代し、七日でひとめぐりし、めぐったところでまた初めに戻る。これを用いるのは（七曜の）それぞれが、物事にたいしてよい影響やよくない影響を与えるからである。これを用いるには注意してほしい。しかしたちまち（曜日を）思い出すことができなくても、ただ胡人、波斯人あるいは五天竺の人に問えば、みな知っているはずである。尼乾子《にけんし》（ジャイナ教徒）やマニ教徒は常に蜜日（日曜日）に潔斎する。波斯《はし》人もまたこの日を大日としており、これらの事をしっかり保持して忘れない。したがって今ここに諸国の人々の七曜の呼び名を列挙しておくと次のようになる。

これを原音とともに表にしたのが表6―3である。胡名はソグド語であり、そのローマ字転写は慣例にしたがい子音のみを記した。「波斯名」とは中世ペルシア語をさすが、実際に用いられているのは日曜日「一」から始め、土曜日「七」までの数詞であり、この後に「曜日」にあたる「森勿」(šambi) が続いている。「天竺名」はもちろんサンスクリット語である。大正大蔵経では『宿曜経』の上巻にしかこれに類するリストはみられないが、日本に伝えられる古い写本では史揺の初訳本に用いられた音訳語がみられ、こちらのほうが原音に近い。いずれもかなり正確に原音を漢字であらわしているので、このようなリストは当時の中国語の音韻研究にもおおいに資するところがあるだろう。

なお改訳者の楊景風は優秀な暦学者であり、すでに述べた『九執暦』に訳注を施した人物でもあるが、改訳の最後の部分に「算曜直章」という補遺を付け加え、曜日計算法を教えている。これは大部分が『九執暦』からの引用といってもいいほど、ことばづかいが一致している。

十二宮

『宿曜経』にみられる宮の名前はサンスクリット語からの訳語である。音訳は磨竭宮のみであり、他はすべて意味をよくとらえている。これを英語名、和名、あとでのべる『明訳天文書』の漢名と比較すると表6—4（次頁）のようになる。

これを表2—2（二五頁）のバビロニアの十二宮と比べてみよう。バビロニアの名称と一致す

和名	宿曜経	明訳天文書
おひつじ宮	羊宮	白羊宮
おうし宮	牛宮	金牛宮
ふたご宮	婬宮	陰陽宮
かに宮	蟹宮	巨蠏宮
しし宮	師子宮	獅子宮
おとめ宮	女宮	雙女宮
てんびん宮	秤宮	天稱宮
さそり宮	蝎宮	天蝎宮
いて宮	弓宮	人馬宮
やぎ宮	磨竭宮	磨羯宮
みずがめ宮	瓶宮	寶瓶宮
うお宮	魚宮	雙魚宮

表 6–4　十二宮の名称

るものもあるが、ヘレニズム世界を経てインドを通過して中国にたどりついたわけであるから、その過程で変化をとげたものもある。いちばん目立つのは「ふたご宮」である。バビロニアでは単に「一対のもの」くらいの「双子」であったが、ギリシア神話ではカストールとポルックスという男の双生児になった。前者は竪琴を、後者は棍棒を持っている。このふたご宮はインドへ入ったときにすでにひと組の男女に変容している。サンスクリット語では「ミトゥナ」と呼ばれるが、これはカジュラホやコナーラクのヒンドゥー寺院の外壁を飾る男女合歓の姿をあらわすことばでもある。『宿曜経』は、その神像が夫妻に似ているので「婬宮」と名付ける、と説明している。東寺の「火羅図」と、あとで述べる『七曜攘災決』では「夫妻宮」とする。いずれにせよ男の双子が男女のカップルになったのはなぜかを説明しなければならない。

わたしはこの変化が起こったのはエジプトにおいてであったと考えている。エジプト神話では棍棒を持つのが男神シューであり、竪琴を持つのはその妹テフヌートである。十二宮を最初にインドに伝えた『ヤヴァナ・ジャータカ』はその冒頭で「第三［の宮］は竪琴と棍棒をもつミトゥナである」と宣言している。男女のきょうだいが夫婦になるのは、世界各地の古代の神話にみられる兄妹婚から容易に理解できることである。

東寺の「火羅図」でも、図6―1のような星曼荼羅関係の図でも、夫婦はふたりとも手にはなにも持っていない。第三章で「星座のうらおもて」について述べたことを思い出すと、これら日本の図がおもてからうらか、気になるところであろう。西洋では、空を見上げた図では竪琴をもつ

図 6–1　星曼荼羅図残欠の夫婦宮

「男女宮」「夫妻宮」の別名と mi-thu-na の梵字が見られる。左に夫、右に妻が立っている。「四月」とあるのは旧暦であり、現行暦では五月にあたる。右下にはこの宮の生まれの人の性格が書かれている。（MOA 美術館所蔵）

図 6–2　ふたご宮の「うら」の図
(ジャンタルマンタル天文台で筆者撮影)

カストールが向かって右側、つまり西側、棍棒をもつボルックスが東側であるから、男女になっても、女性が右、男性が左にあるのがわたしの言う「おもて」の図である。したがって日本の曼荼羅の図も「おもて」の図である。

参考のため、天球儀に描かれるうらの図も示しておこう。図6―2はジャイプルのジャンタルマンタル天文台の「ラーシヴァラヤ・ヤントラ」に嵌め込まれたものである。

いて宮も『宿曜経』ではたんに「弓宮」とするだけである。上半身が弓を引く男で、下半身が馬であるような射手座を想像することができなかったためであろうか。インドでも「弓をもつもの」という表現もあるが、たいていは表6―2（一二三頁）にみられる「ダヌス」（弓）である。

　やぎ宮はインドでは上半身の「ムリガ」（山羊）、下半身の「マカラ」の二つの名前があるが、『宿曜経』では下半身の音訳語の「磨竭」だけになっている。

　もうひとつ気になるのは「おとめ宮」である。これは西洋でもインドでも一人の乙女であり、『宿曜経』でも「女宮」とするが、『文殊師利根本儀軌経』（大正大蔵経一一九一）と『支輪経』（大正大蔵経一三一二）には「雙女宮《そうじょ》」とあり、二人の女性に変化している。しかもこれは『明訳天文書』にみえるだけでなく、日本の星曼荼羅の図像でもそのように描かれている。この謎はわたしには未解決である。

第七章　中国から日本へ

1　宿曜道

唐代の中国は科学の先進国であったから、平安時代の日本は国をあげて中国から科学を輸入した。何度も遣唐使を送り、最先端の知識を吸収した。なかでも中国の基幹学問である暦法と占いを積極的にとりいれ、陰陽寮という役所に天文博士、暦博士、漏刻博士、陰陽博士などの役人を配置した。陰陽道は『易経』をよりどころとする中国古来の占いであり、現在にいたるまで日本でも幅広く支持されている。このような土壌があるところに、仏教の装いで新たに輸入されたのがインド系の密教占星術である。

前章で述べた不空の『宿曜経』は中国ではあまり評判を得ず、その占いの手法もさほど普及しなかったようであるが、日本に伝えられることによって基本経典になり、「宿曜道」という新たな方面に展開していった。

この経典を日本に持ち帰ったのは、冒頭で述べたように、弘法大師空海である。空海は不空の後継者恵果《けいか》が没する直前に師事し、密教の奥義をすべて授けられ、大同元年（八〇六）に帰国した。日本ではすでに政府公認の学問として陰陽道が盛んであったが、好奇心の強い貴族たちの間に、『宿曜経』に基づく占星術がしだいに浸透していった。

また『宿曜経』だけでは初歩的な占いしかできず、陰陽道に対抗できないことを知った密教僧たちは、さらに経典を求めて大陸へ渡った。なかでも貞観七年（八六五）に唐から帰国した東寺の僧宗叡《そうえい》は、『都利聿斯経』、『七曜攘災訣』、『七曜二十八宿暦』などを請来した。『都利聿斯経』はすでに述べたように、中国で『聿斯経』とも呼ばれていたようであるが、どこにも現存しない。『七曜攘災訣』は日本にのみ存在する貴重なものなので、後で詳しく説明する。これらの書物も中国人によるものというよりは、西域に起源をもつものである。

これらの書物によって、それほど精密ではないにせよ宿曜道によってホロスコープを作ることが可能になった。断片はいくつか残っているが、完全なホロスコープとして現存するのは、天永三年のものと文永五年のものの二種類だけであり、それぞれ正確な日付は西暦一一一三年一月一五日と、一二六八年八月六日である。これらのホロスコープの特徴については拙著『密教占星術』で詳しく解説したので、本書では割愛しておこう。

『御堂関白記』

平安時代の貴族の生活を伝えるものとして貴重な資料である藤原道長の『御堂関白記』（九九八―一〇二〇年）は当時発行されていた具注暦《ぐちゅうれき》に書き込まれたものであるが、そこに宿曜道の流行ぶりを読みとることができる。

たまたまわたしの手元に一九九四年に京都国立博物館で開催された「王朝の美」という特別展覧会の目録がある。その冒頭を飾るのが『御堂関白記』の長保二年一月二二日から八日間の暦である。この最初の日付は西暦一〇〇〇年二月二九日（木曜日）に相当する。興味深いのはそれぞれの日付の上に「宿・曜」の組合わせが朱で記入してあることである。これらを読み取っていくと、一月二二日（尾・木）、二三日（箕・金）、二四日（斗・土）、二五日（女・日）、二六日（虚・月）、二七日（危・火）、二八日（室・水）、二九日（壁・木）となる。ここでは「斗宿」の次が「女宿」になっているから、「牛宿」を除く二十七宿が用いられていることがわかる。当時は当然中国起源の二十八宿も知られていたのだが、道長はインド起源の二十七宿を用いていたのである。

日記に宿と曜を書き込んだのは道長が最初ではない。山下克明氏によると、道長よりおよそ一〇〇年前に遡る道長の曾祖父・貞信公藤原忠平の『貞信公記』にすでに曜日の記載があったということである。また宿と曜の組合わせにより日の吉凶を分類する「甘露日」「羅刹日」なども書き込まれていた。このように曜日は平安時代にはすでに一部の貴族のあいだで日常生活に入り込んでいたのだが、あくまでも占いの要素であり、暦の日付での役割は大きくなかった。

2　『七曜攘災決』

宿曜師の写本

大正大蔵経の第二一巻（密教部）に『七曜攘災決』と呼ばれるテキストがある。著者は「西天竺の婆羅門金倶吒」とされるが詳細はわからない。西暦八〇〇年頃のものである。この書物は八六五年に東寺の宗叡が大陸から請来したもののひとつである。このタイトルだけでは、たんに惑星がもたらす災いを鎮めるための密教的なテキストにすぎないと思われるだろう。実際大陸ではまったくかえりみられることがなかったようで、テキストは日本にしか存在しない。大正大蔵経に収められたテキストは奈良の長谷寺に伝えられる写本に基づいたとのことであるが、大蔵経の編者たちにはこの書物の数理的な意味がわからなかったようである。

この書物に天文学史的に大きな価値があることを最初に指摘したのは藪内清先生であった。わたしは大正大蔵経のテキストを用いて研究を始めたが、あまりにもひどいテキストなので手をこまねいていた。ところがまもなく、東大の史料編纂所におられた桃裕行先生が神田の古書店でこの書の手書き写本を発見され、その写真を撮っておられることを知った。さっそく厚かましくも手紙をさしあげたところ、桃先生はすぐに写真を送ってくださった。おかげでわたしは二人の先人の研究を引き継いで発展させることができた。一九八六年に出版した『密教占星術』を桃先生に贈ったところすぐに礼状をいただいたが、その直後に先生は亡くなった。この礼状はわたしの宝物のひとつである。

この写本の奥書きによると、弥也《ちんや》という「日本第百十九之宿曜師」が「永久四年三月七日にこれを伝授した」とある。西暦一一一六年のことであり、この日付はホロスコープが残っている天永三年（一一一三年）にも、また後で述べるマージンの書き込みが多い年にも近い。大蔵経のテキストとちがって、この写本は内容を十分にわかった人物が筆写しているから、たいへん読みやすく正確であり、実際に宿曜師が使用していたことがうかがえる。

『七曜攘災決』の内容

この書の冒頭部分は、太陽、月、木星、火星、土星、金星、水星の順に、その占星術的な意味と、これらにたいする攘災の方法を教える。続いて「宿度法」として、二十八宿のそれぞれの拡がりの数値を中国度を用いて与える。次に「七曜旁通」というタイトルで十二位と惑星の関係を吉・凶・平に分類している。できるだけテキスト通りに写すと表7—1のようになる。

十二宮	太陽	月	火星	水星	木星	金星	土星
1　命宮	平	飲食	平	先快後吉	凶	熱病	凶
2　財宮	吉	吉	吉	吉	吉	吉	財吉
3　兄弟	平	平	平	平	平	平	平
4　田宅	平	平	平	動揺	平	移動	平
5　男女	吉	吉	平	吉	平	平	平
6　僮僕	吉	吉	吉	吉	吉	吉	吉
7　妻妾	吉	酒食	吉	吉	吉	平	凶
8　疾病	凶	平	平	平	平	平	凶
9　遷移	凶	平	平	平	平	平	平
10　官位	吉	平	平	吉	平	移動	平
11　福相	平	平	平	平	平	吉	平吉
12　困窮	平	平	平	平	平	吉	平

表 7–1 十二位と惑星の吉凶

この表の第一欄は「十二宮」となっているが、『七曜攘災決』ではまだ宮と位の名称の区別が十分ではなかったようだ。十二位の名称はそのまま意味をあらわしているが、表3—7（五八頁）とは多少異なっている。またインドの名称（八七頁）とも若干異なっている。先に述べた伊藤義教先生は『ペルシア文化渡来考』で、日本のホロスコープで用いられている名称がイランのそれに近いことを指摘されたが、その日本の名称とは『七曜攘災決』に由来するものである。

十二位と惑星の吉凶の関係はインドでも重要であり、たとえばヴァラーハミヒラの『占術大集成』の一〇二章と一〇三章に述べられている（八七頁参照）。インドでは「吉」と「凶」がほぼ半数で、「平」は第一〇位の火星だけであるが、『七曜攘災決』では「凶」が少なくなり、そのぶん「平」が増えている。

星宿人間

続いて二十八宿と身体部位との関係が図7—1のように表現されている。これが図4—2（九四頁）で示した「獣帯人間」の密教星宿版であることは明らかだ。したがって「星宿人間」と呼ぶのがふさわしいだろう。ただし注意したいのは、『七曜攘災決』は新しい占いの方法であるにもかかわらず、この星宿人間はクリッティカー（昴）宿を頭とし、バラニー（胃）宿を足とする古い二十八宿体系を用いているということである。これもまた占星術が保守的であり、古い伝承を残す傾向にあるという場合の好例である。次に惑星に捧げる真言《マントラ》によってこの書の攘災部分は終わっ

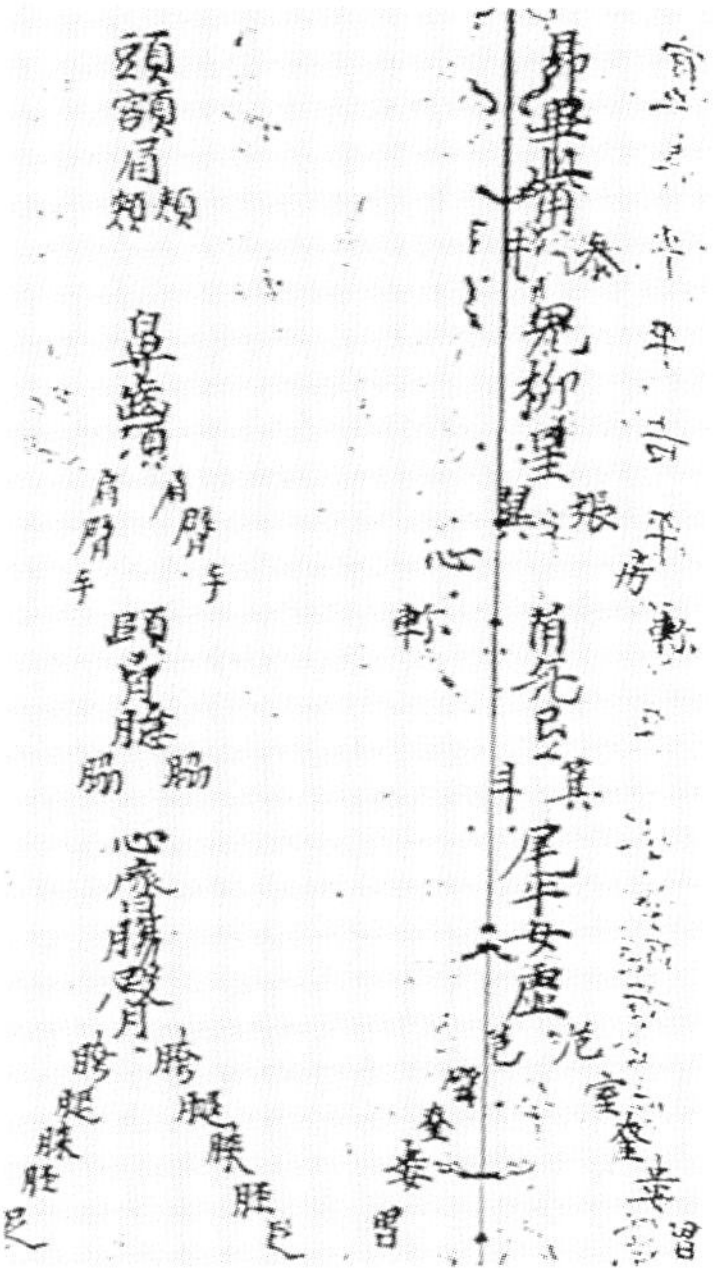

図 7–1　星宿人間

桃裕之氏所蔵の『七曜攘災決』の写本の写真より。左に頭から足までの身体部位、右にこれらに対応する星宿が並べられている。

ている。

外惑星	内惑星
Γ　伏の後の見	Ξ　見
Φ　第一の留	Ψ　第一の留
Θ　衝	Ω　伏
Ψ　第二の留	Γ　見
Ω　伏	Φ　第二の留
	Σ　伏

表 7–2　惑星の見伏現象

見伏現象	日数	度数
Γ − Φ	114	19
Φ	27	
Φ − Ψ	$82\frac{1}{2}$	-11
Ψ	27	
Ψ − Ω	114	19
Ω − Γ	34	?
合計	$398\frac{1}{2}$	

表 7–3　木星の見伏

天体位置表

『七曜攘災決』が天文学的に大きな意味をもつのは、以上のような攘災法に続く部分であり、ここに五惑星と羅睺と計都の位置が数十年にわたって表になっている。太陽の場合は三六〇日間の毎日の位置が与えられている。それぞれの表には前文が付されており、見伏現象と会合周期が度数と日数で示されている。五惑星の表の暦元は貞元一〇年（甲戌）とあるから、西暦七九四年である。羅睺と計都の暦元は元和元年、つまり西暦八〇六年である。

惑星の見伏現象はノイゲバウアーがギリシア文字で表わして以来多くの研究者がそれにしたがうようになった。まとめると表7—2のようになる。

木星の見伏現象の日数と度数をテキストから拾い出すと表7—3のようになる。合計三九八・五日が「会合周期」と呼ばれるものである。

藪内先生によると、これらの表の数値は中国の暦のなかでは七六二年から七八三年まで公式に用いられた「五紀暦」に最も近い。

外惑星はY年にR回の整数回転をすると考えられているので、『七曜攘災決』の天体位置暦はそれぞれY欄からなっている。YとRの差が太陽との会合数Sである。内惑星の平均運動は太陽と同じなのでRはYと等しい。YをSで割って日数になおすと会合周期が得られる。それを現代の値と比較すると表7―4のようになる。

	年数 Y	会合数 S	回転数 R	会合周期(日)『七』	会合周期(日) 現代値
木星	83	76	7	398.88	398.88
火星	79	37	42	779.84	779.93
土星	59	57	2	378.06	378.09
金星	8	5	–	584.38	583.92
水星	33	104	–	115.89	115.88

表 7–4　惑星の周期　『七』＝『七曜攘災決』

天体位置表のそれぞれの年は一二の月に分けられ、各月の惑星の位置が二十八宿座標で与えられている。この「月」は普通の太陰月ではなく、二十四節気の中気によって分割されているから、インドの太陽《サウラ》月に相当する人為的な分割法である。中国暦にしたがって太陽黄経が三三〇になる雨水の日を正月の第一日とする。

表のように、現代値と比べてみてもそれほど遜色があるわけではないから、この天体位置表は、その暦元からあまり年月を隔てない時期ならかなり正確に惑星の位置を与えることができたはずである。しかしいつまでも使い続けると誤差が積み重なることは避けられない。ところが宿曜師が他に惑星の位置を計算する方法をもっていなければ、この表に頼るしかなく、長期にわたって大切に用いていたのである。

その証拠となるのがこの写本の上部マージンに書き込まれている日本の年号である。

天体位置暦を用いた占星術師

マージンの年号はほとんどすべて一一世紀か一二世紀に属する。わたしはすべての年号を集めて表7―5のようにまとめた。この表から次のような結論を導くことができる。

年号	惑星	西暦	年号	惑星	西暦
天延 1	木星	973	承暦 1	木星	1077
寛和 1	木星	985	永保 1	木星	1081
長徳 1	木星	995	應徳 1	木星	1084
寛仁 1	木星	1017	寛治 1	木星	1087
治安 2	木星	1022	寛治 1	土星	1087
萬壽 1	木星	1024	寛治 7	木星	1093
長元 9	木星	1036	嘉保 2	木星	1095
長暦 1	木星	1037	永長 1	木星	1096
寛徳 1	木星	1044	承徳 1	土星	1097
永承 5	木星	1050	承徳 2	木星	1098
永承 5	土星	1050	康和 2	火星	1100
天喜 3	木星	1055	康和 3	木星	1101
天喜 5	火星	1057	元永 2	木星	1119
康平 1	木星	1058	元永 2	計都	1119
康平 4	計都	1061	元永 2	火星	1119
康平 4	羅睺	1061	元永 2	水星	1119
治暦 2	木星	1066	元永 2	羅睺	1119
延久 1	計都	1069	元永 2	土星	1119
延久 1	火星	1069	元永 2	金星	1119
延久 1	水星	1069	保安 1	木星	1120
延久 1	羅睺	1069	保安 2	計都	1121
延久 1	金星	1069	天治 1	木星	1124
延久 5	木星	1073	長承 1	木星	1132
承保 1	木星	1074			

表 7–5　惑星の位置表に書き込まれた日本の年号

一、木星の場合は正確なので、他の惑星よりも木星の表は頻繁に参照された。
二、日本の年号の第一年が多く記入されている。これはそれと同じ年号の年の惑星の位置を見出すのを容易にするためである。
三、だれかがだれかのホロスコープを作るために、元永二年（一一一九年）と、さらにおそらく延久元年（一〇六九）の年号を書き込んだ。それぞれの記入者は同一であろう。
四、前者の書き込みをしたのは、年代からみて、「日本第百十九之宿曜師」の珎也自身である可能性が高い。

『符天暦』

上に述べたように『七曜攘災決』の天体位置表は、その暦元である九世紀の初頭から離れるほど実際の惑星の位置からずれていく。そこでこのような表にたよることなく惑星の位置を求める方法が要求された。すでに陰陽道では、中国から伝えられた「宣明暦」が用いられていたが、宿曜師たちは陰陽師から学ぶことを潔しとはしなかった。

そこで宿曜道独自の暦計算法を導入したのが、天台宗の僧侶日延である。日延は天徳元年（九五七年）に中国から帰国したとき、『符天暦』を持ち帰った。この暦書は長いあいだ幻の書であったが、近年になって天理図書館で断片が発見された。

その特徴を簡単に現代のことばで言うと、二次関数にあたるような公式によって天体の運動をあらわすものであり、高次関数を用いるその後の中国天文学の先駆けをなしたものである。残念ながら中国には残らず、日本でも断片しか残っていないので、実際にどの程度流布していたかはわからないが、少なくとも一時期はかなり用いられていたものと思われる。

宿曜勘文

宿曜師たちがある人物のホロスコープを作成し、それに基づいてその人の運勢を占う文章が宿曜勘文《すくようかんもん》と呼ばれるものである。先に紹介した桃氏は一六通の勘文を集められた。そのうち二つはすでに述べたホロスコープ図を伴った完全なものである。天永三年の勘文には「天性」「永福」「運命」「諸運」「行年」の五つの章に分けてこの人物の運勢が書かれている。要約すると次のとおりである。

「天性章」では、この人物はいて宮に属するので君主の寵愛を受け、威徳があり、胆が強く、怖れを知らず、利発で、容姿端麗、父母に孝順で、師を敬う等々のことが述べられている。「永福章」はさまざまな経典を引用して、「天性章」で述べたことの裏付けを与える。「運命章」では、この人物が七二歳以上の長寿を保つが、何歳のときには行動に気をつけるようにと注意を促す。「諸運章」ではホロスコープの解釈に基づいて、弟子・召使・友人らとの関係を説明する。最後に「行年章」はこの人物の四一歳から五七歳までの一七年間について、年ごとの運勢を記している。おそらくこの人物はいわゆる厄年が近づいたので、宿曜師に伺いをたてたのであろう。

宿曜道の衰退

平安時代には陰陽道と張り合うほどの勢いがあった宿曜道はやがて失速して陰陽道に吸収されてしまう。その原因は、貴族社会の衰退と武家の台頭、官学のような援護がなかったことなど、いろいろと考えられるが、やはり占星術にとって欠くことができない数学的な道具を十分に備えることができなかったことが最も大きな原因であろう。『七曜攘災決』では不十分であったし、『符天暦』による計算は難しすぎた。インド生まれでインドで実地見聞した不空でさえ、バラモンの特殊な知識を盗むことができなかったくらいだから、平安時代の学僧ではとても無理であった。惑星の位置をまともに告げることができないような占星術が廃れるのは当然であった。そこでただ密教としての攘災儀礼だけが生き残ったのである。陰陽道のほうも『宣明暦』に頼るだけで心もとないものではあったが、安倍家が天文を、加茂家が暦学を独占するようになり、官学の特権によって生きのびることができた。

第八章　イスラーム世界の占星術

1　ペルシアからイスラーム世界へ

文化史全般としては、ギリシアからイスラームへの流れも、イスラームから中世ヨーロッパへの流れも、一九世紀はじめから研究が始まり、多くの成果が出版されている。しかし科学史に限ると、近代科学の源流をイスラーム世界を経てギリシアにまでさかのぼっていくのが欧米の学者の主な関心であり、その本流から少しでも外れると、まだ未開拓な領域がたくさん残っている。とくに占星術の場合は、ギリシア語からアラビア語へという単純な流れだけではなく、サンスクリット語、パフラヴィー語を含むペルシア語、シリア語、ヘブライ語、ビザンツのギリシア語、中世ラテン語などの資料が複雑にからみあっているので、本節のタイトルに示したような単純化は無意味であるとさえ言えるくらいである。

このもつれた糸をていねいに解きほぐしているのが、たびたび触れる機会のあったピングリー教授であり、これからの研究はまず教授の業績をふまえるところから出発するといっても過言ではない。こういうわたしも教授から直接薫陶を受けたのはサンスクリット語とアラビア語の天文学・占星術文献の読み方だけであり、それはかれの学殖のほんの一部でしかない。いつも論文の抜き刷りをいただいているが、わたしが読んで理解するスピードよりも教授が書いて出版するスピードの方が速いのでとても追いついていけない。

本書第五章で触れたように、サーサーン朝ペルシアはイスラーム以前の西アジアにおいてヘレニズム文化とインド文化が出会う貴重な場であった。そのころ書かれたパフラヴィー語の文献はほとんど残っていないが、アラビア語文献のなかにその痕跡を見出すことができる。有名な例は、インドの動物寓話集『パンチャタントラ』で、まず最初にパフラヴィー語に翻訳され、それがのちのアラビア語版『カリーラとディムナ』の元になった。この物語はさらに遠くヨーロッパにまで伝えられ、グリムの童話やラ・フォンテーヌの寓話集に材料を与えた。

同じようなことは天文学・数学・占星術についても言える。丹念にさがせば、サンスクリット語からパフラヴィー語に訳され、その後アラビア語、ラテン語、ビザンツのギリシア語などを経てヨーロッパに伝えられた要素が見つかるのである。

イスラームが興った後でも、科学的な営みの多くの部分を担ったのはペルシア人であった。かれらは共通語・学問言語としてのアラビア語に習熟し、アラビア語で身をたてたのである。アッバース朝になっても圧倒的多数の科学者がペルシア人であったということを知っておく必要があるだろう。以下にわたしが少しでも読んだことのある占星術書の原典に基づいて、その著者たちを紹介しよう。

アラビア語で書かれた占星術書はギリシアの占星術を基本要素としているが、すでに述べたように、サーサーン朝ペルシアにおいて、新たにインド要素とペルシア要素が付け加えられた。

インド要素としては、数学と天文学の基礎に関わるものが多い。最もよく知られているのは、ゼロ記号を含んだ一〇進法位取り表記法と、それに基づいた筆算法である。われわれが現在「アラビア数字」と呼んでいるものは、じつはインドからイスラーム世界に伝えられて変化していったものであるから、「インド・アラビア数字」というほうが適切である。

インド式の計算法は、九世紀のはじめにアル・フワーリズミーによってアラビア語でまとめられ、それがラテン語に翻訳されてヨーロッパに普及した。解へと至るインドの方法そのものが、著者の名前がなまって「アルゴリズム」と呼ばれるようになった。またギリシアの「弦の表」を改良したインドの「正弦表」と三角関数もイスラーム世界でいっそう発展した。

インドの天文学は初期のイスラームの天文学に反映されている。アル・フワーリズミーの天文学書はアラビア語は現存しないが、ラテン語訳が残っている。

イスラーム占星術のインド要素については後で述べることにして、次節では、サーサーン朝で起こった占星術の分野であり、アッバース朝の初期において重要な役割を果たした歴史占星術について説明しておこう。

2　歴史占星術

第五章で述べたように、バグダード建設の日時の決定の助言をした人物のひとりがマーシャーアッラーフである。膨大な書物を著した占星術師であり、ラテン語名メッサハラで中世ヨーロッパでもよく知られている。ラテン語、ヘブライ語、ギリシア語などへ翻訳された作品が数多く残っているが、アラビア語原典はほとんど現存していない。わたしが利用している資料は、九世紀のイブン・ヒビンターというキリスト教徒の占星術師の書物のなかに取り込まれているもので、そのアラビア語写本の写真と英訳がピングリーとケネディによって一九七一年に出版されている。このマーシャーアッラーフの書物のタイトルは『合と宗教と諸国民』であり、その目的は占星術によって宗教の歴史を解釈し、説明することであった。

基本的な枠組みは、土星と木星の合である。これらは、ギリシアの同心球宇宙論では、地球から最も遠いところにある二つの惑星であり、その外側にあるのは恒星天球のみである。恒星の外側は神の世界であるから、土星と木星は神の摂理をもっともよく反映していると考えられたのであろう。また会合周期がほどよい長さであることも利用するには便利であった。

土星はおよそ三〇年で、木星は一二年で天球を一周する。一年ではそれぞれおよそ一二度および三〇度進行することになる。そこでおよそ二〇年経過すると、土星は二四〇度、木星は六〇〇度動くことになる。六〇〇度から周天度数の三六〇度を引くと二四〇度であるから、この二つの惑星はおよそ二〇年に一度、八宮すぎたところで会合するのである。いいかえると黄道を逆向きの方向に四宮離れた宮といってもよい。四宮つまり一二〇度の離角をなす宮は図8―1のように「三角形」の関係にある。これらはアリストテレス的な四元素に当てられ、表8―1のようにまとめられる。

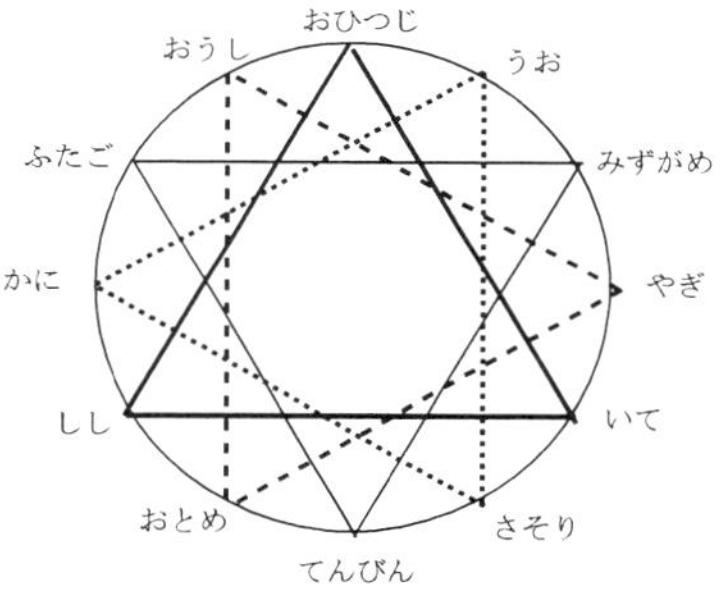

図 8–1　十二宮と三角形

火	おひつじ	しし	いて
地	おうし	おとめ	やぎ
風	ふたご	てんびん	みずがめ
水	かに	さそり	うお

表 8–1　十二宮と四元素

あるときおひつじ宮で土星と木星の合が起こったとすると、二〇年後にはいて宮で、四〇年後にはしし宮で合が起こる。しかしこれは概数であり、厳密にいえば、すこしずつずれていき、二四〇年弱で一二回繰り返すと次の三角形へ「移動」する。こうしておよそ九六〇年で四八回の合を繰り返すとまたもとのおひつじ宮で合することになる。

マーシャーアッラーフは会合周期と会合弧を、それぞれ「一九年一〇月一一日」、「二四二度二五分」とする。これらの値は、あとで述べるアブー・マアシャルやクーシュヤールと同様に、インド天文学に由来している。マーシャーアッラーフの「千年紀」は紀元前八二九二年の春分の日から始まり、それに続く千年間は土星が支配する。それ以後の各千年は、同心天球の順に木星、火星、太陽、金星、水星、月が支配する。そして「火星の千年紀」の第五〇九年目（紀元前五七八三年）の二月二四日におひつじ宮のゼロ度で起こった両惑星の平均会合から始め、次々と起こる会合の計算をしている。しかしマーシャーアッラーフが与えるこれらの数値は正確に伝承されているとはいえず、互いに矛盾するものがある。

『合と宗教と諸国民』には、第一二一回目の合のときからはじめて、一六個のホロスコープが取り上げられている。いずれも土星と木星の合または「移動」が起こった年の、春分の日のホロスコープである。したがって太陽はすべてにおいておひつじ宮の初点にある。

マシャーアッラーフはゾロアスター教の教説にしたがい、世界は一万二千年間持続すると考えていた。また紀元前三三六一年には「大洪水」があったと考えていた。しかし、あとで述べるように、ふつうイスラーム占星術では、インドのカリ・ユガの始まりの日である紀元前三一〇二年二月一八日を大洪水の日とする。

このようにマーシャーアッラーフは自分の時代よりも過去のことがらについては、ホロスコープによって説明を加えている。しかしかれは三三一番目の合と三三三番目の合の間に死んだので、それ以後については合の年を与えて出来事を「予言」しているだけである。

カンカフ

マーシャーアッラーフとほぼ同時代に属する学者で、もっと詳しく占星術による歴史解釈を行ったのが「インド人カンカフ」または「カナカフ」という人物である。アラビア語は母音を表記しないのがふつうなので、このように呼び方がはっきりしない場合がある。「カナカ」のほうがよりインド人らしいし、実際「カナカ師」と呼ばれる人物名もインドの占星術書に見られるが、カンカフ自身の書物からその出自を探り出すことは困難である。この書物はトルコのアンカラ図書館に唯一の写本が存在するだけである。

わたしがピングリー教授に教わるために、ブラウン大学に二度目の留学をしたのは一九八一年のことであったが、アラビア語写本を読む練習として最初に渡されたのがこの写本のコピーであった。文法もまだおぼつかないアラビア語の知識でこの写本を読むにはたいへん苦労した。第一回目の授業のときはたった一行を予習するのにほぼ一日費した。しかし回を重ねるごとに読める量が増えていくのが楽しくなり、留学中にすべて読むことができた。すぐにこれを校訂して出版で

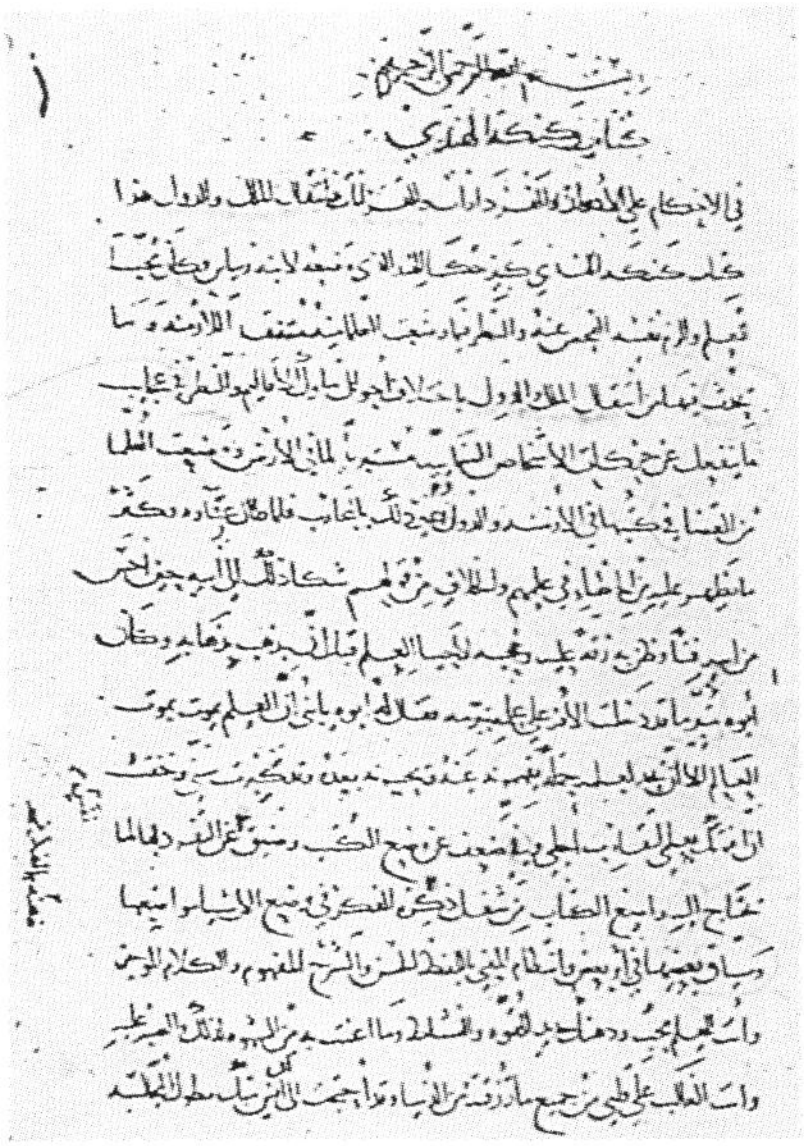

図 8–2　カンカフの占星術書の写本

きるようにすると約束しながら、いまだそれを果たしていないのは恥ずかしいかぎりであり、本書を書き終えたらすぐにとりかかるべき仕事であると思っている。

最近のピングリー教授の書物によると、この人物はインド人でなければならない理由がないので、「カンカフ」と読むほうがいいようである。

いずれにせよかれの書物は、西暦五七一年のムハンマドの誕生からサーサーン朝の滅亡とイスラームの勃興、そして正統カリフからウマイヤ朝を経て、アッバース朝の諸カリフの統治に至るまでの、歴史的に重要な出来事の時間的な間隔を、ホロスコープによって説明しようとするものであり、興味は尽きない。ただ一種類の写本しかないので、判読のために時間がかかりすぎるという難点があるだけだ。

この書物は第七代カリフであったアル・マアムーン（在位八一三—八三三年）の統治を楽天的に長く見積もるところで終わっているから、著者はこの統治期間に亡くなったものと思われる。

アブー・マアシャル

中世ヨーロッパで最も有名な占星術師はラテン名アルブマサルことアブー・マアシャル（七八七―八八六年）である。一〇〇年間というかれの長い生涯は、バグダードを中心とするアッバース朝の文化が最も咲き誇った時期とかさなる。バグダードは、ギリシア、ペルシア、インドから文化を受け入れ、大翻訳活動の中心地であった。アブー・マアシャルの著作はたくさん残っているが、最も重要で影響力が大きかったのは『占星術入門』である。アラビア語の写本は数多く存在し、一二世紀にはラテン語に訳されている。

入門書とはいえこの書物は余りにも大部なので、かれはみずからその簡略版を作った。これが『簡易入門書』である。こちらのほうはそれほど評判にはならなかったようであるが、入門書としてたいへん便利であり、数学者として知られるバースのアデラードが一二世紀の初めにラテン語に翻訳している。近年になって、ロンドン大学のウォーバーグ研究所のチャールズ・バーネットさん、同僚の山本啓二さんとわたしの三人でこの書物のアラビア語写本の共同研究をはじめ、その成果として、一九九四年に校訂テキストと英訳を出版した。

アブー・マアシャルは惑星の合を中心とする歴史占星術についても『宗教と王朝の書』という大きな書物を残している。そのアラビア語テキストと英訳もバーネット・山本の手で校訂され、

マハー・ユガ	4,320,000
クリタ・ユガ	1,728,000
トレーター・ユガ	1,296,000
ドヴァーパラ・ユガ	864,000
カリ・ユガ	432,000

表 8–2　四ユガの年数

ラテン語訳とともについ最近出版された。またかれはマーシャーアッラーフやカンカフと同様に「千年紀」についても書いている。その数理天文学的な理論の根底にはインド天文学がある。

インドの天文学では惑星の位置を計算するにあたって、まずすべての惑星の平均位置がおひつじ宮の初点にあったときを暦元として想定する。この暦元として採用された日を「カリ・ユガ」の始まりとみなす。「カリ・ユガ」は四つの部分からなる「マハー・ユガ」の最後で、仏教でいえば末世に相当する。四ユガの名前と長さは表8―2のように、四対三対二対一の比になっている。われわれの生きている現在は「カリ・ユガ」にあり、その始まりは紀元前三一〇二年二月一七日（木曜日）から一八日（金曜日）にかけての夜半である。一八日の日出時を起点とする学派もある。古代インドの天文学者たちはこの日に骨肉相喰む「マハーバーラタ」の大戦争が始まったと考えている。まさに「末世」に入ったのである。アブー・マアシャルはこれを「大洪水」の日とする。惑星の平均運動の定数さえ与えられれば、任意の時刻の惑星の位置は暦元からの時間の関数として求めることができる。アブー・マアシャルが用いた平均運動の数値は、あとで述べるアル・ビールーニーの『星学入門』にもまとめられているので、その一部を表8―3に示しておく。この表のように、アル・ビールーニーは「インド」の値と「アブー・マアシャル」の値とを対照させている。

この表で、「インド」の値はほとんどすべて七世紀の天文学者ブラフマグプタの『ブラーフマスプタ・シッダーンタ』に由来している。ブラフマグプタは天文定数を与えるさいに、ユガの千倍である「カルパ」を用いている。「アブー・マアシャル」の値は『千年紀』によるものであり、カルパの一二、〇〇〇分の一である三六〇、〇〇〇年間の定数である。しかし「日の合計」の場合、ブラーフマ学派の値を一二、〇〇〇で割ると一三一、四九三、〇三七・五になるはずであるのに、「アブー・マアシャル」の値は少し大きく、一三一、四九三、二四〇になっている。また「ヤズダジルドまでの日」は、「インド」のほうはサーサーン朝で用いられたヤズダジルド暦の初日（西暦六三二年六月一六日）までの積日数を、現在のカルパの初めから数えているのに対して、「アブー・マアシャル」のほうは現在のカリ・ユガの初日から数えている。さらに「ア

	インド	アブー・マアシャル
日の合計	1,577,916,450,000	131,493,240
ヤズダジルドまでの日	720,635,806,313	13,363,598
太陽	4,320,000,000	360,000
月	57,753,300,000	4,812,778
月の遠地点	488,105,858	40,675
月の交点	−232,311,168	−19,360
土星	146,567,298	12,214
木星	364,226,455	30,352
火星	2,296,828,522	191,402
金星	7,022,389,492	585,199
水星	17,936,998,984	1,494,751
恒星	120,000	

表 8–3　アル・ビールーニーによる比較

ブー・マアシャル」の月の回転数を一二、〇〇〇倍すると五七、七五三、三三六になり、これはブラーフマ学派ではなく、アールヤバタのアールヤ学派と共通の値である。水星の回転数もブラーフマ学派よりもアールヤ学派に近い。このように、アブー・マアシャルの占星術の基本にある数理天文学の要素の多くはインドに由来している。かれの時代にはまだプトレマイオスの体系は十分には消化吸収されていなかったから当然とはいえるが、占星術はかならずしも最新の天文学を必要とはしなかった。おかげで現代の天文学史研究者にとっては、新しい天文学によって消し去られてしまったものが、占星術書の中に化石のように埋まっているのを発見する楽しみがあるのだ。

3　クーシュヤールの占星術書

わたしが占星術の歴史に関心をもち、本格的な研究を始めたのは、右に述べたような「化石探し」の面白さと重要さをピングリー教授から学んだからである。そのような宝の山のひとつがクーシュヤール・イブン・ラッバーンの『占星術入門』（以下『入門』と略す）であった。この書には『明訳天文書』という中国語訳があるということを藪内先生の研究によって知っていたので、いっそう興味があった。

クーシュヤールの名前の最後には「アル・ジーリー」が付け加えられているが、これはイランの「ジーラーン地方の出身」という意味である。このペルシア語の地名は現在でもカスピ海の南に残っている。かれの年代は正確にはわからないが、『入門』にみられる三〇の恒星の表（一七八頁の中国語訳参照）はヤズダジルド暦三六一年（九九六）の初めを暦元としており、一〇世紀後半から一一世紀前半に活躍していたことは明らかである。

一方かれの天文学書の恒星表の暦元はヤズダジルド暦三〇一年（九三二）であり、また惑星の遠地点の位置はヤズダジルド暦三三一年のものである。両者の間の六〇年または三〇年がそのまま両書の書かれた年代の差というわけではないが、クーシュヤールは若い頃に精密科学としての天文学を学び、晩年になって占星術に関心をもったと思われる。しかし有名なイブン・アン・ナディームが九八七年頃に著し、九九五年頃まで増補を続けた『書誌』にはクーシュヤールの名前は見られないので、かれが有名になったのはおよそ紀元一〇〇〇年以後であろう。

クーシュヤールを現代人の間で有名にしたのはかれの著した数学書である。この書はインドの数表記法と計算法を教える初歩的な算術書であるが、この種のものとしては現存する最古のものであり、多くの数学史家が注目してきた。インド式計算法を西方に伝えた最初の人物の一人はすでに述べたアル・フワーリズミーであるが、かれの著作はラテン語訳でしか現存していない。

クーシュヤール自身が言うように、「天体の学問」は数理天文学と、その応用としての占星術の二つの分野に分けられるが、かれはどちらかといえば数理天文学者に属し、その面で評価すべき

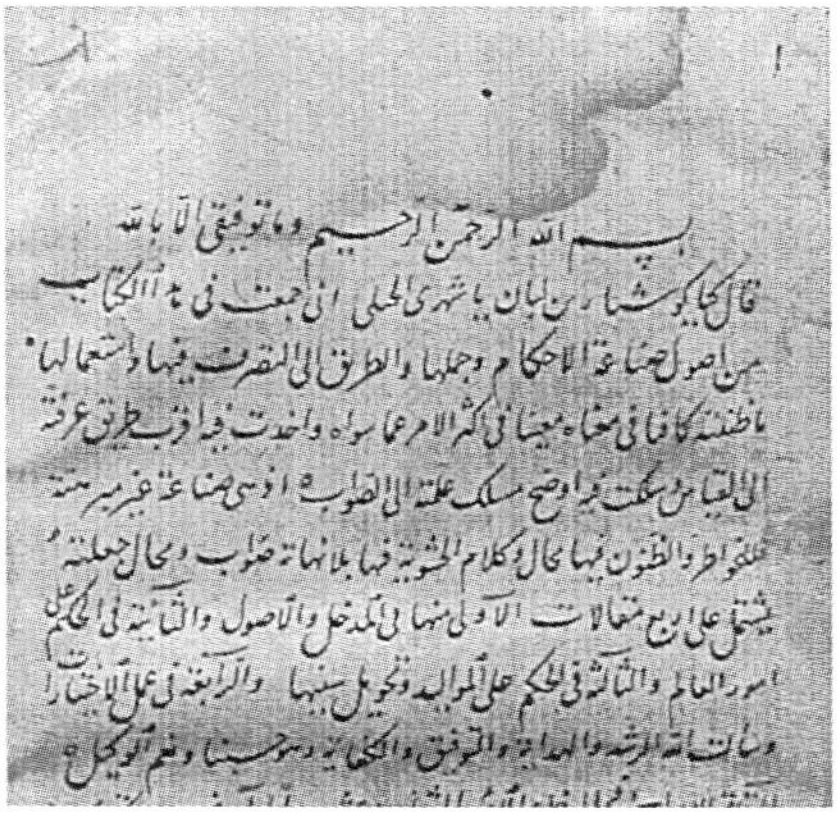

図 8–3　クーシュヤールの占星術書
(フダバフシュ図書館蔵の写本の一部)

人物である。

『入門』はプトレマイオスの『テトラビブロス』をモデルにした占星術書であり、章によっては『テトラビブロス』を座右に置いてそのまま写したとさえ思われるところがある。クーシュヤールが用いた『テトラビブロス』については推測の域を出ないが、かれの時代にはすでに、アッバース朝の首都バグダードの建設にかかわったとされる占星術師ウマル・イブン・アル・ファッルハーンによる注釈書や、天文学者アル・バッターニー（八五八―九二九年頃）による要約があり、これらか、それに類する作品を通じて、ギリシアの占星術を学んでいたと思われる。またアル・フワーリズミーやアブー・マアシャルなどの著作からインドの数学だけでなく、天文学や占星術にも通じていた。『入門』において、「古い天文学説」として言及する太陽の遠地点や最大中心差の値は、インドの天文学書で標準的に用いられるものである。

クーシュヤールは先人の名前を具体的に挙げることはしないが、プトレマイオスの名前だけは例外的にしばしば言及している。それ以外では胎児の成長過程に関する医学的文脈で言及されるヒポクラテスのみである。

興味深いことにクーシュヤールは、天文学書『アルマゲスト』の著者プトレマイオスと、占星術学者のプトレマイオスは別人であると述べている。

クーシュヤールが『入門』を四部構成にしたのはもちろん『テトラビブロス』にならったものである。『入門』と『テトラビブロス』の章・節の対応関係は一目瞭然である。しかしクーシュヤールは、『テトラビブロス』に見られない多くのテーマや章を追加している。それらはとくに、マーシャーアッラーフやアブー・マアシャルのようにペルシア系の先人たちによって占星術のテーマに取り込まれることになったものである。その典型的な例が、土星と木星の合による占いと「世界周年」の理論であり、これらはすでに述べたように、ペルシアにおいて独特の発展を遂げた「歴史占星術」に属する。

クーシュヤールは当時の占星術を要領よくまとめただけであり、かれ自身のオリジナリティーはほとんどないとも言える。したがってアブー・マアシャルの作品によってイスラーム占星術を知った中世ヨーロッパの人々にとっては、クーシュヤールの『入門』は必要なく、アブー・マアシャルのような名声が西方に向かって広がることはなかった。

イスラーム世界においても、クーシュヤールのおよそ一世紀前にはアブー・マアシャルが大部の占星術書を著し、またクーシュヤールとほぼ同時代の博学者アル・ビールーニーが数学と年代学・天文学も含んだすぐれた占星術入門書を著しているので、本来ならクーシュヤールの作品は忘れられてもしかたがないところであった。ところがむしろ逆であり、かれの『入門』のほうがより広範な読者を得ていたことは、上記の二書に比べて、はるかに現存する写本が多いということからもわかる。さらにこの書の名声はペルシア語、中国語、トルコ語に翻訳されることによって、東イスラーム世界全般に広がっていった。その理由はこの書が単に占星術の初歩知識の手軽な入門書であっただけでなく、その表現が簡潔にして明瞭で、その構成およびまとめ方がきわめて要領を得たものであったからである。たとえオリジナリティーを欠くにしても、まとまった書物として愛読されるための条件を十分に備えていたのである。

『入門』の内容

『入門』全四巻のうち第一巻は占星術の基礎概念を説明するものであり、『テトラビブロス』との対応箇所が最も顕著な巻である。

第一章では『テトラビブロス』と同様に天体の学問を二種類に分け、占星術の目的と本書を著す動機を格調高い言葉で述べている。この部分はあとで原文を引用するが、簡単にまとめると次のとおりである。

第一の学問は数理天文学であり、これは数学的に証明できるものである。第二の学問は第一の学問に基づいてはいるが、数理的な「証明」を与えることはできない。しかしクーシュヤールはこれを一種の「経験科学」であるとみなし、「キヤース」によって把握できるといっている。井筒俊彦氏によると、この語はイスラーム法学において、ハディース（言行録）、スンナ（慣行）、イジュマー（意見の一致）に次いで第四の権威をさし、「類推」を意味する。クーシュヤールが用いるこの語の基本的な意味は「類推による理由付け」であり、「法則」と並列的に用いており、ほぼ同じ意味であろうと思われる。実際ほとんどの場合「規則性」と訳すことができる。またクーシュヤールは「規則性に倣って」ということばを好んで用いている。

「類推《キヤース》」は科学者としてのクーシュヤールが多用する重要な概念である。この世の中には、たとえ論理的数理的に証明できなくでも、経験によってその有効性を類推し、実生活に応用できる事象が多い。かれはこれを医学の例をとって説明している。たとえある薬の効果が論理的に証明できなくても、それがある病気に有効であることが経験的に認められていれば、これを使用すべきであるというのである。

このように占星術を経験科学として確立させようとするかれの自然科学者的な態度はさまざまな文脈で明瞭に読み取ることができる。その典型的な例が『入門』一・二〇・一四である。一般に天球を一二の「位」に分割した場合、分割点の手前五度以下のところにある惑星はすでに次の位に入っているとみなされるが、クーシュヤールはそのような見解は「キャース」から外れるから、証明がないかぎり受け入れることはできないといっている。

『入門』第一巻の第二章以下は、後の巻で用いられる占星術の基本用語の説明にあてられている。ほとんどすべての概念は『テトラビブロス』の第一巻に見られるものである。ただしプトレマイオスは「十二位」についてはほとんど述べていないので、これに関連する一九、二〇、二二の三章は『テトラビブロス』に負うところはない。また同様のことは第二一章についても言える。この章のテーマは「箭」と呼ばれるものである。『テトラビブロス』では「幸運箭」だけしか述べられていないが、クーシュヤールは、イスラーム占星術において大きく数の増えた箭のうち十数種類を取り入れている。

第二巻は天変地異のように個人を超えた現象を占うもので、歴史占星術のうちとくに「国家占星術」と呼ぶことができるものである。プトレマイオスは個人占星術のほうに重きを置いていたので、この巻は『テトラビブロス』との対応関係はあまり顕著ではない。ただしもっとも長い章である第九章は『テトラビブロス』二・三から二・八までに多くを負っている。また第一〇章も同二・一三との関係が濃厚である。その他の章はアブー・マアシャルをはじめとするイスラーム世界の先人の作品を土台にしていると思われる。

第三巻は「出生占星術」の分野に属し、再び『テトラビブロス』との関係が濃厚になる。『テトラビブロス』では三巻と四巻に相当する。この巻の最後の二章は「タスイール」と呼ばれる天球上の弧の問題である。本書第三章5節で簡単に説明した「寿命の長さ」の計算方法をさらに発展させた重要なものであり、ウマル・イブン・アル・ファッルハーンによる『テトラビブロス』の要約にもその近似的な方法が見られるが、後にアル・バッターニーやアル・ビールーニーによっていっそうの発展を遂げた。クーシュヤールも本来天文学者であるからこの問題をよく理解しており、アル・バッターニーの方法を踏襲してわかりやすく解説している。

第四巻は「選択占星術」および「開始占星術」と呼ばれる分野であり、人生のさまざまな行為を開始するさいの吉凶の条件について列挙するものである。その占いの対象は農業、商業、工業、旅行、建築、相続、養育、教育、病気の治療、結婚、出征、王の即位など多岐にわたり、文化史的にみて興味深い。この分野はインドで発展したものであり、『テトラビブロス』にはこれに関連する章はない。

占星術の弁護

クーシュヤールは「本書を著す理由と、序説として述べておく必要のあること」と名付けた第一章において占星術を擁護する論陣をはっている。これはプトレマイオス以来の伝統を受け継いだものであるが、きわめて明快で示唆的なので、ここにその一部を和訳して紹介しよう。

星による判断の学問へ至る道は二つある。そのひとつであり、より古いものは、諸々の星の天球、それらの運動、それらの位置の計算、それらの状態についての学問である。それは器械と観測によって把握することができる学問であり、幾何学的な証明がある。それを専門とする人は、宗教的な学問に次いで高貴で信頼すべき学問に通じている人である。わたしはこれに関してすでに『ジャーミア』(詳説)と『バーリガ』(要約)という二つの書物を著した。

第二のものは諸々の星からやってくる諸作用、それらの力、月の天球の下にあるものに対するそれらの影響についての学問である。これは経験と類推《キャース》によって把握することができる学問であり、第一の学問と混同されているが、これには証明はなく、全体としてはもちろん、おおまかにも把握することはできない。なぜなら、この学問が用いられるもの、すなわち気象、個々の人々、および月の天球より下にあるすべてのものは、移行と変化によって特徴付けられており、ほとんどの事象において、ひとつの状態で固定されているわけではないし、人は――とくに星の性情に存する諸状態の――推測において、完全な能力があるわけではなく、困難に陥るからである。その探求の難しさのゆえにある人はそれを否定し、その一義性を把握することはできないと考えている。

第一の学問のみを専門とする人々のほとんどは、この第二の学問について無知である。かれらはその有用さを否定し、それは偶然によって起こるものであり、それには証明はないという。しかしわれわれはいう。偶然に関しては、もしそれが持続するか、ほとんどの場合に起こるのであれば、それはそれでひとつの証明である。また証明に関しては、証明がないものすべてを棄てるべきではないし、その有用性を無視すべきでもない。慎重さによって、いやむしろ智慧によって、その有効性が「証明」されるまで胆石の治療に「サカンジャビーン」(蜂蜜薬の一種)を用いるのを控えるというようなことがあってはならない。むしろわれわれはそれを用い、その恩恵を受けなければならない。(中略)

第二の学問のみを専門とする人は、観察と議論に基づいた証拠によって詳細に入り込む人である。かれがそれを「証明」と思い込んでしまうのは証明の方法とその本質について無知であるためである。この学問において確信しなければならないものは、経験と類推《キャース》によって把握されるものである。この(学問の)うちあるものは、それに関する経験が持続し、この術(占星術)の人々が同意したものであるから、われわれはそれに反対する見解をもつことはできない。またあるものはそれに関する経験と類推《キャース》が多様であり、ある人々はあることに同意し、他の人々はそれとは異なるものに同意する。(中略)

ある個人にだけ起こる事柄は、もしそれが悪いものであれば防ぐことができ、もし良いものであれば適当な手段でそれを受け入れることができる。しかしあるものは、たとえば疫病と病気を起こす広範囲の汚染へと気象が変化するように、全体的なものに属し、避けることができないが、ある場合にはその汚染に対抗して病気を防ぐことができる。あるいは王朝の交代や新しい王朝の出現のように、ある年には良くて、ある年には悪いものがある。わたしがこの書物を著すのはこのためである。

4　『明訳天文書』

クーシュヤールの『入門』は中国の明代の初めに中国語に翻訳された。それが『明訳天文書』であり、この種のものとしては他に例をみない貴重な文献である。藪内先生が最初に注目され、先生の研究をわたしが受け継いで、アラビア語原典の校訂と英訳を作成し、中国語訳との対照を付して学位論文にした。以下にこのテキストの概要を紹介したい。

翻訳の背景

『入門』が中国語に翻訳されたのは明初の洪武一六年（西暦一三八三年）である。その年の五月の日付のある、訳の監督者呉伯宗の序文によると、明の国立天文台である欽天監《きんてんかん》の霊臺郎で西域出身の学者海達児、阿荅兀丁、馬沙亦黒、馬哈麻などが前年の秋九月に翻訳を開始し、翌一六年二月に翻訳を完成していた。これら西域人のうち馬沙亦黒の名前は『明史』「暦志」の「回回暦法」の序文にも見られる。それだけでなく、この訳を監督した中国人学者は、イスラーム系の天文学書である『回回暦』の訳の監督者でもあった翰林院《かんりんいん》の李翀と呉伯宗であり、その編纂もまったく同じ洪武一五年秋に始まっている。すなわち、数理天文学書である『回回暦』と、占星術書である『明訳天文書』は同じ時期に同じ人々の手によって中国語に翻訳されたのである。

原文と訳の相違

『明訳天文書』の序文には、原文には「一切変更を加えていない」と述べられているが、そのよりどころとなった写本がどのようなものであったかはわからない。わたしが利用したアラビア語写本とはかなり異なった部分があるので、ペルシア語訳からの翻訳であった可能性が高い。しかし内容の構成を見る限りでは、わたしが利用したペルシア語写本とも異なっている。

以下に『入門』のアラビア語原典と中国語訳の大きな違いを列挙しよう。

一、『明訳天文書』第一類第一七門に対応する部分がアラビア語写本にはない。これは一宮を三等分した単位について述べたものである。すでに説明したように、西洋で「デカン」、インドで「ドレシュカーナ」と呼ばれるもので、アラビア語では「ワジュフ」と訳される重要な単位である。『明訳天文書』はアラビア語を直訳して「面」という語を用いる。ただしこのデカンという単位はどういうわけか、クーシュヤールの原著では余り重要な役割を果たしておらず、第一巻第一九章で軽く触れられている程度である。したがってデカンの表に類するものが最初からアラビア語版にあったとは思えない。またペルシア語写本にもこの部分はない。

二、『入門』第二巻第九章第四節から第一九節までは天地相関の見地から地理上の名称を多数列挙するものであるが、この部分は『明訳天文書』では一切省略されている。訳者たちはどこにあるかわからない外国の地名を列挙することが無意味だと考えたのだろう。

三、『入門』の第三巻第二一章にあたる部分が『明訳天文書』には欠けている。この章は本書の中で最も数理的な性格が顕著であり、簡単に理解できるものではない。訳者たちは十分に理解できなかったか、あるいは入門書としては不適当であるとみなしたのだろう。

四、逆に『明訳天文書』にはあって『入門』には見られない部分がある。その多くは『入門』の原文だけでは理解できないので説明を加えた部分である。訳者たちはクーシュヤールの書物を訳しながら、当時の代表的な占星術書、たとえばアブー・マアシャルの占星術書などを参考にして追加したのであろう。

五、『明訳天文書』はその時代に即した新しい具体例をあげている。これについては次に述べる。

『明訳天文書』のホロスコープ

『明訳天文書』だけにみられる実例のうち、とくに興味深いのは、第三巻末の「星盤」のホロスコープである。アラビア語写本では、読者が適当な年代に合わせてホロスコープ図の枠組みの中に惑星の位置を書き込むように、「惑星」とのみ書いていてその位置を示していないのに対して、『明訳天文書』では同心正方形のうち二層をホロスコープにあて、二組の惑星の位置を書き込んでい

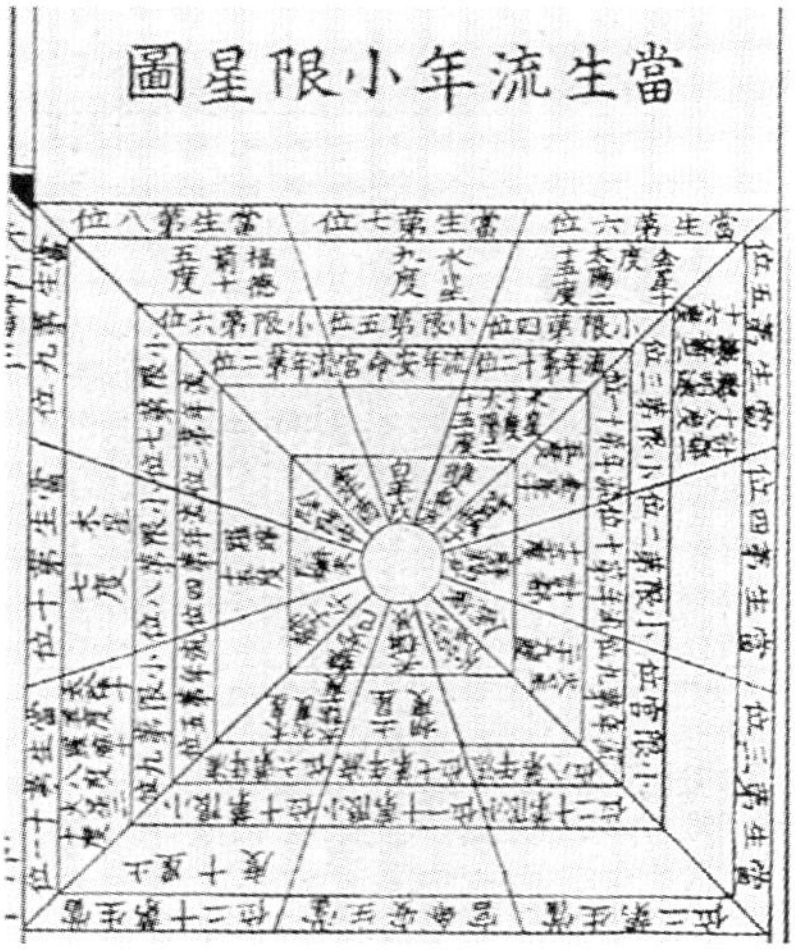

図 8–4 『明訳天文書』のホロスコープ

『明訳天文書』 外側 (°)	『明訳天文書』 内側 (°)	現代の計算
土星　160	180	182.95
木星　97	150	154.76
火星　140	269	270.11
太陽　355	355	359.35
金星　340	315	313.31
水星　9	340	339.59
月　135	151	151.80
羅睺　138	105	323.00
計都　318	285	151.00

表 8–4　現代値との比較
(1245 年 3 月 12 日)

る。これらを「外側」と「内側」のホロスコープと呼ぶ。これらを現代の方法で計算した惑星の位置と比較すると表8―4のようになる。外側のホロスコープの惑星位置のような組み合わせは、ちょうどこれにあてはまるような年代を見出すことはできないが、内側の場合は西暦一二四五年三月一二日のそれにかなりよく合致することがわかる。

太陽の位置をみても明らかなように、この日は春分に当たる。ペルシアの占いでは春分の日はとくに重要である。ただし「内側」で、太陽の位置を三五五度としているのは奇妙である。おそらく、ここは空欄あるいはゼロ記号が書かれていたが、外側のホロスコープの太陽の位置をそのまま写してしまったのであろう。これらの数値は『明訳天文書』のもとになった写本にすでに書き込まれていたのであろう。次に述べる例および恒星の黄経の場合と同じように、訳者たちは自分で計算して新たな数値を入れることはしなかったと思われるからである。

この例と並んで興味深いのは、第二類第一二門「世運」にみられる例である。これはアラビア語でもペルシア語でも用いられる「ダウル」の訳語であり、三六〇年からなる周期を意味する。この部分のアラビア語写本の順序と実例は二つのグループに分けられるが、『明訳天文書』はどちらとも異なり、「西域紀年六百一十五年」の例をあげている。これはヤズダジルド紀元の六一五年すなわち西暦一二四七年にあたる。上に述べたホロスコープの惑星の位置とほぼ同じ年代であり、同一人物が自分の時代に合わせて書き換えたものであろう。

『明訳天文書』の恒星の表

惑星だけでなく、恒星も占星術の対象として用いられる。これもプトレマイオス以来の伝統である。クーシュヤールは伝統的に用いられてきた三〇個の恒星について、その名称、黄経、等級、緯度の南北、恒星がもつ惑星の性質、凶星か否かを述べている。かれが与える恒星の黄経はプトレマイオスの星表のそれに歳差の値一三度を加えただけである。

『明訳天文書』にもこの部分はあるが、その表で注目すべき点がいくつかある。まず『明訳天文書』は原典と同じく、歳差の値について、

一年行五十四秒。十年行九分。六十六年行一度。観者依此推之

といっておきながら、翻訳の年またはそれに近い年の恒星の黄経ではなく、

是三百九十二年之前度數如此

といって、三九二年前の原典と同じ黄経を与えている点である。三九二年間の歳差は、簡単に求

	名　称	宮 度 分	等	緯	性 情	アルマゲスト
1	人座椅子象上第十二星	0 20 7	3	北	土 金	カシオペア 12
2	金牛象上第十四星	1 20 40	1	南	火	おうし 14
3	人提猩猩頭上第十二星	1 12 40	2	北	火 水	ペルセウス 12
4	人提猩猩象上第七星	1 17 50	2	北	火 水	ペルセウス 7
5	人掌拄杖象上第一星	2 10 0	6	南	火 水	オリオン 1
6	人掌拄杖象上第四星	2 15 0	1	南	土 水	オリオン 2
7	人掌拄杖象上第五星	2 7 5	2	南	土 木	オリオン 3
8	人掌拄杖象上第二十九星	2 10 20	1	南	土 木	オリオン 27
9	人掌拄杖象上第三十七星	2 2 3	1	南	木 土	オリオン 35
10	人掌馬牽胸象上第三星	2 8 0	1	北	火 水	ぎょしゃ 3
11	人掌馬牽胸象上第四星	2 15 50	2	北	火 水	ぎょしゃ 4
12	大犬象上第一星	3 0 40	1	南	木 微火	おおいぬ 1
13	小犬象上第二星	3 12 10	1	南	水 微火	こいぬ 2
14	兩童子並立象上第一星	3 6 20	2	北	水	ふたご 1
15	兩童子並立象上第二星	3 9 40	2	北	火	ふたご 2
16	大蟹象上第一星	3 23 20	6	北	火 月	かに 1
17	獅子象上第六星	4 15 10	2	北	土 微火	しし 6
18	獅子象上第八星	4 16 10	1	北	火 微木	しし 8
19	獅子象上第二十七星	5 7 30	1	北	土 金	しし 27
20	人呼叫象外第一星	6 10 0	1	北	水 土	うしかいの下 1
21	婦人有兩翅象上第十四星	6 9 40	1	南	金 微水	おとめ 14
22	缺椀象上第一星	6 27 40	1	南	金 水	みなみのかんむり 1
23	蝎子象上第八星	7 25 40	2	南	火 微木	さそり 8
24	蝎子象上第二十星	8 14 10	6	南	日 火	さそり 2
25	人彎弓騎馬象上第七星	8 28 10	6	北	土 水	いて 8
26	龜象上第一星	9 0 20	1	北	金 水	こと 1
27	飛禽象上第三星	9 16 50	2	北	火 木	わし 3
28	寶瓶象上第四十二星	10 20 0	1	南	土 水	みずがめ 42
29	鵝象上第五星	10 22 10	2	北	金 水	はくちょう 5
30	大馬象上第三星	11 15 10	2	北	火 水	ペガサス 3

表 8–5　『明訳天文書』の 30 星

めることができるから、これを原著の黄経に加えるだけですんだはずであるが、もとの写本にあった数値に手を加えることを躊躇したのであろう。

次に、アラビア語原典ではそれぞれの星の固有名を挙げるだけであるが、『明訳天文書』ではそれらがどの星座の何番目の星であるかを述べている。この星座はいうまでもなくプトレマイオスが『アルマゲスト』の第七巻と第八巻で表にしているものである。つまり『明訳天文書』の訳者たちは、『占星術入門』の訳出に際して、『アルマゲスト』に由来する星表を利用していたのである。

しかしその星表は『アルマゲスト』の星表として現在伝えられているものとまったく同じではなかった。このことは、第六番目以下四つの「人掌拄杖象（オリオン）上」の星の番号がプトレマイオスのそれより一大きいことをみれば明らかである。

また原著では二一番目がみなみのかんむり座の一等星で二二番目がスピカ（おとめ座の一四番）であるが、『明訳天文書』ではこれらが入れ代わっている。なお等級に関して、原典「雲状」と呼ばれているものが四つあるが、これらは『明訳天文書』では「六等」と訳されている。

ここに見られる恒星とそれらが位置する星座の名称は、『明史』の「回回暦」やその朝鮮本である『世宗実録』の「七政算」にも天文学の文脈で登場する。その黄経や等級などを『アルマゲスト』やアラビア語の文献に見られるものと丁寧に比較すると、東西交流史の新たな側面が開けるだろう。

5　アル・ビールーニーの『星学入門』

アル・ビールーニー（九七三年生まれ。没年は一〇五〇年以後、以下ビールーニーと呼ぶ）のフルネームはアブー・ライハーン・ムハンマド・イブン・アフマド・アル・ビールーニーである。この最後の部分は出自をあらわす「ビールーン」に由来する。この語自体が固有名詞か、あるいは「郊外」をさす普通名詞か定かではないが、現在のイランのフワーリズム地方の出身であることはわかっている。最初はサーマーン朝のマンスール二世に仕えたが、政争と戦争によって次々とパトロンが代わり、最後にガズナ朝のマフムードとその息子マスウードに仕えた。

ビールーニーは、まさに博覧強記の学者である。その余りの博識のゆえに誤解されたらしく、ヨーロッパに伝えられたかれの名「アリボロン」(aliboron) は、フランス語の辞書によると「うぬぼれ男」、「ばか」である。

かれは前半生には天文学を中心としたギリシア科学を研究していたが、壮年になってガズナ朝のマフムードのインド遠征に同行し、捕虜になったインド人学者を尋問するうちにインドへの傾斜を強めていった。その関心の広さと深さは、名著『インド誌』に遺憾なくあらわれている。

わたしがとくにビールーニーを評価するのは、かれがペルシア人として、ギリシアとインドを等分にながめ、異なった二つの文化を自分のなかで統合しようとしていたことである。わたしが『インド誌』の英訳をはじめて手にしたときの感動は余りにも大きく、これを原典で読みたいと思ったのが、三〇の手習いでアラビア語を始めたきっかけである。

この名著のほかにも、翻訳や小作品を加えるとインドに関する作品は約二〇編あるといわれる。かれのことを近代インド学を先取りした学者と評しても過言ではない。

主要著作のひとつである『星学入門』は占星術の入門書である。この書は『インド誌』とほぼ同じころに著されており、すでに著者はインドについて十分な知識をもっており、インドに関する言及が随所に見られる。わたしは長年山本啓二氏とともにこの書のアラビア語原典を読み続けてきた。その内容は「占星術」と呼ぶにはあまりにも学術的香りが高いのであえて「星学」と訳すことにした。

以下にこの書に言及されるインドに関するいくつかの部分を紹介し、一一世紀の北インドの占星術事情を知るための手がかりとしたい。

目的と構成

本書は、第一九五節によると、ヒジュラ四二〇年に著された。これは西暦一〇二九年一月二〇日から一〇三〇年一月九日までの期間に相当する。このとき著者は五〇歳台半ばで、学者として最も円熟した時期であった。著者みずから著作の目的を序文において次のように明確に語っている。

世界の構造、天地、およびそれらの間にあるものの形状と性質を、権威をもって伝承された情報に基づいて理解しておくことは、星学においてはきわめて有益である。なぜなら、それによって聞き手は、星学者たちの間で通用している術語に立ち戻る習慣ができ、その概念と意味を容易に理解できるようになるからである。その結果、それらの理由や証明の方法を知ろうとしてそれらに立ち戻る度に、その両面における苦労なしに、自由にそこに到るのである。したがって私は、アル・ハサンの娘ライハーナの求めに応じて、問答という形式でこの記録を著したのである。だからこれは使いやすく、理解しやすいものである。私は幾何学から始め、次に算術、数論、そして世界の構造、星学へと進んだ。なぜなら、この四つの術を完全に習得しなければ、誰も星学者の名に値しないからである。

この序文に見られるように、本書は、幾何学と算術の基礎を述べる第一部、天文学・宇宙論と暦法を論ずる第二部、主題である占星術に関する第三部の三部構成である。占星術の高度なテクニックは述べられていないかわりに、初心者がほかにいかなる参考書も用いずに占星術の基礎を身に付けることができるよう、十分な配慮がなされている。したがってこの書に見られるインドに関する情報は当時としては常識的なことであったと思われる。それだけに一一世紀のイスラーム占星術においてインド占星術の果たしていた役割がかなり明瞭にわかるのである。

占星術の基礎学

占星術の基本は数理天文学にあり、その数理天文学の基礎学は数学にほかならないというのは当然のことであるが、このことが単一の著作においてこれほど見事に実現されている例は他にない。『星学入門』第一部「数学」の中心をなすのはユークリッドの『原論』第一巻である。ビールーニーは『原論』のアラビア語への翻訳を指揮し、そこに見られる難問を解説する書を著しているから、ギリシア数学の典型ともいうべき『原論』をよく理解していたことは明らかである。しかし『星学入門』は、その目的にしたがって、数学を必要最小限のテーマに限り、しかも叙述の順序に工夫をこらしている。たとえば、『原論』の冒頭の有名な「定義」の順序をまったく逆にし、立体（三次元）から一つずつ次元を減らして最後に「点」を定義している。

このような教育的な配慮はインド数学に関する言及にも見られる。天文学・占星術の基礎学としての数学に用いられながら、なおかつギリシア数学には欠けるようなインド要素のみを解説するのである。すなわち、三角関数、数列、数表記、方程式の四項目である。インド天文学の計算に多用され、インド数学のひとつの特徴ともいえる不定方程式についてはふれていない。おそらく初心者向きではないと考えたのであろう。

数表記に関しては、一〇進法位取り表記とゼロの使用が重要であるとの認識のもとに、ていねいに説明した後、次のように言う。

どの位にもまったく同じ数を置くと、先行するものは常に後続するものの一〇分の一である。もしその位に数がない場合は、空位を示す記号がその場所を固める。われわれはそのために小円を用い、それを「シフル」と呼ぶ。インド人は点を用いる。

当時のインド式記数法ではゼロ記号は現在のような丸印ではなく、点が用いられていたということがわかる。一方アラビア数字では小円を用いていたので、これとよく似た文字と区別するために、ゼロ記号の小円の上に小さな接線を引くといっている。

天文学

『星学入門』第二部の「天文学・宇宙論・暦法」は、基本的にはプトレマイオスの『アルマゲスト』に従うが、アル・バッターニー（八五八年生まれ）の観測記録や自分自身の観測などにより定数を修正している。インド天文学については、ブラフマグプタ（五九八年生まれ）の天文学書に基づいている。ビールーニー自身の著作目録のなかには、ブラフマグプタの『ブラーフマスプタ・シッダーンタ』の翻訳があるが、現存していない。『インド誌』には目次だけが列挙されている。インドの天文学・宇宙論と暦法に関しては次のテーマを取り上げている。

コスモロジー、方位の決定、薄明薄暮、時間、円周と直径との関係、かに宮、星宿、太陽の遠地点、太陽の遠地点の運動、惑星の遠地点の位置、惑星の交点の位置、日運動、日運動の補正、ユガ、カルパ、ブラーフマ学派の運動定数、インドにおける地球の大きさの実測、気候帯、日時計、ランカー島、メール山、その他の地名、閏月、曜日、インドの四つの時間単位、ペルシアの暦日の名前、シャカ紀元、さまざまな紀元の要約、「ティティ暦」、カシミール暦、パンチャーンガ、インドのアストロラーブ。

コスモロジーに関してはギリシアのアリストテレスの同心球宇宙と、インドの「ブラフマンの卵」とを対照させて次のように言う。

八つの天球の背後にあるものはなにか。人々の中にはその背後に第九の不動の天球を認めるものがある。それはインド人たちがかれらのことばで「ブラフマ・アンダ」すなわちブラフマンの卵と呼ぶものである。なぜなら、第一の動かすものは動くはずはなく、それゆえそれを動かないものと見なしたのである。しかしまたそれは物質であるはずはない。さもなければそれは［存在が］証明されなければならないから。それゆえそれを天球とよぶのは誤りである。また昔の人々の中にはその背後に無限の空虚があるとみなすものもいる。またそれが無限の物質であるとみなす人々もいる。しかしアリストテレスによれば、運動する物体の限界の背後には物質も空虚も無い。

また東西南北の方向を決定するためにインドで古くから用いられ、「インディアン・サークル」として有名な図形については、次のように述べている。

あなたのお好きなように水を地面に十分に注いだとき、一方の方向に傾いてこぼれることなく、あらゆる方向に一様に流れるように、地面をできるだけ平らにする。そのように地面が平らになれば、あなたの望む長さでそこに円を描く。その中心に、先端の尖った、その円を描いたコンパスの開きの半分の長さの棒を立てる。そしてそれが地面に垂直に立つように努める。そして下げ振り糸をその［棒の］頭を通って円の中心まで下ろす。それから昼の前半（午前中）に影が西に延び、次第に短くなり、その円に入り込むまで観察し、影が円に入り込んだ円周に印をつける。そのあと昼の後半に影が長くなり円から出ていくのを観察し、出ていった円周にも印をつける。入出の二つの印の間を糸か定規で結び、その結んだ線を二等分する。その中点と円の中心を直線で結ぶ。これが子午線である……

すでに述べたように、インド天文学の特徴の一つは「ユガ」や「カルパ」という大きな周期における天体の対恒星回転数によって平均運動の定数を与えるということである。これに関してかれは次のようにいっている。

宇宙の日と呼ばれる日とはなにか。これは惑星とそれらの遠地点と交点が完全に〔整数〕回転する日〔数〕に対する名前である。それぞれの民族が、その運動を記録するために、観測によってそれらの運動について発見したものにしたがって、それを導き出した。有名なのはインド人のもので、この周期をかれらの言葉でカルパと呼ぶ。カルパの日数は積日（アハルガナ）すなわちカルパの日数の合計である。われわれの仲間はこれをシンドヒンドの日数と呼ぶ。シンドヒンドはかれらの言葉では、「シッダーンタ」であり、星の計算について信頼できるすべての書物にあてはまる名前である。その意味は「まっすぐ」で曲がっていないということである。かれらのシッダーンタは五つあり、その一つはスールヤ、第二はヴァシシュタ、第三はローマカ、第四はギリシア人プリシャ、第五はブラフマーに関係付けられる。宇宙の日々と呼ばれるものは、かれらにとってブラフマーすなわち「本質的なもの」の昼であり、その初め、日曜日に惑星その他はおひつじ宮の初点から運動を始めたのである。これと同じ長さが、運動が休止するブラフマーの夜である。このように、かれの日数からなる年の数で百年の寿命の終わりまで続く。

かれらの諸見解の説明はこの章では長くなるので、その周期を、われわれの仲間のジージュ（天文表）によらず、かれらの計算に基づいて表にした。それとともに、ペルシア出身のアブー・マアシャルが「ハザーラート」すなわち「千年紀」で語っているものを載せた。

これに続いて先にアブー・マアシャルのところで触れた表を与えている。その一部が表8—3（二六二頁）である。

暦法

暦法は『星学入門』第二部の終わり近くにまとめられている。これは日、月、閏、年、曜日の定義で始まり、ユダヤ教徒やキリスト教徒の祝祭日、各民族の紀元などが詳しく叙述されており、ビールーニーの名著のひとつ『年代学』と比較して読むと興味深い部分である。もっともビールーニーが『年代学』を著した紀元一〇〇〇年頃にはかれはまだインドについての情報はあまり得ていなかったらしく、インドに関する記述はほとんど見られない。しかし『星学入門』には『インド誌』にも見られない次のような具体的かつ興味深い事実が述べられている。

カシミールでは、インドの年について同じようなものが用いられる。それは白樺の巻物でインドの諸都市に持ち込まれる。それは「ティティ・パットリー」すなわち太陰日の暦と呼ばれるが、必要なこととつまらないことが混ざっており、使う上では正確さを欠き近似的である。われわれの国における使用について言えば、見る人の右から最初の欄には、アブジャド数字で曜日が、すなわち（アラビア文字の）「アリフ」は日曜日の印、「バー」は月曜日の印、以下「ザーイ」が土曜日の印である。そして七曜日が完了すると「アリフ」に戻る。第二欄には、一から始まり小の月なら二九で大の月なら三〇で終り一に戻るアラビア人の月の日がある……

以下第三欄にはローマ（シリア）暦の日付、第四欄にはペルシア暦の日付、第五欄にはペルシア暦の毎日の名前があり、その次の欄には七惑星の位置が「宮」「度」「分」の順に記されており、それらはそれぞれの暦の作られた都市におけるその日の正午の惑星の位置（黄経）であるという。

これは現代のインドでも普通に見られる伝統的な暦（パンチャーンガ）とよく似た性格のものである。

ここで興味深いのは、当時「カシミール」の暦が毎年新年の頃に「インド」へ持ち込まれていたということである。当時のカシミールはインドの学問伝統をよく保持しており、その伝統のひとつが暦学だったのである。カシミールは当時半ば独立国であり、インドへ何回も遠征したガズナ朝のマフムードもカシミールを陥落させることはできなかった。ビールーニーのおよそ半世紀前に活躍し、『占術大集成』はじめヴァラーハミヒラの多くの作品に注釈を施したウトパラはカシミールの出身であり、ビールーニー自身「カシュミールのウトパラ」について数回言及している。軍事的には難攻不落のカシミールも、民間および学問のレヴェルでは決して鎖国状態ではなかったということだ。

占星術

ビールーニーがイスラームの占星術学者の中で最もよく言及するのはアブー・マアシャルである。インドの占星術も西洋起源の要素が多いが、インドの説が西方の説と異なるときには必ず言及している。インド占星術の主要事項のほとんどは『インド誌』第八〇章にまとめられており、とくに目新しい内容はない。同様に『星学入門』もヴァラーハミヒラの『ラグ・ジャータカ』に基づいている。以下にテーマを列挙するにとどめる。

十二宮の性質、カーラプルシャ（獣帯人間）、十二宮、十二宮の支配する土地、アスペクト、惑星の吉凶、方角、時刻法、アストロラーブ、惑星の家、「損害」（ビールーニーによれば「インド人はこれを知らない」）、惑星の高揚位、惑星の友邦と敵対、ホーラー、ドレシュカーナ、三合、ナヴァーンシャ（宮の九分の一）、ドヴァーダシャーンシャ（宮の一二分の一）、十二位、年の主宰惑星。

以上のように『星学入門』を中心にビールーニーの仕事を垣間見たが、それはかれの業績のほんの一部にすぎない。かれ自身が作った著作目録にみられる書物がすべて残っていたら、「ブリタニカ百科事典」にも匹敵する分量であったといわれる。為政者たちが戦争と略奪に明け暮れていたとき、敵味方の偏見なく世界の文化を理解し、残そうとした人物として、かれほど魅力ある人物をわたしは知らない。

第九章　ジャイプルの夏

1　わたしの研究計画

二〇〇二年度にわたしは「インドにおけるイスラーム科学の原典研究」というテーマで文部省科学研究費助成を受けることができた。この研究計画をわかりやすく説明すると次のようになる。

近代科学に対するイスラーム科学の貢献は科学史においてようやく正当に評価されるようになってきたが、あくまでもヨーロッパ中心の科学史観の流れでそのようになったのであり、世界の科学史においてイスラーム科学を位置付けるためには、もっと多くの異なった視点が必要である。

そのひとつとして、イスラーム世界から東方世界、とくにインドへ伝えられた科学について、精密科学を中心に考察し、それによってヨーロッパ科学史の文脈だけでは抜け落ちていたイスラーム科学の側面をとらえることがわたしの現在の研究の目的である。とくにイスラーム科学とインド伝統科学の出会いを象徴するビールーニーの『インド誌』『占星術入門』や『マスウード宝典』などの原典研究を行うことによって、イスラーム文化とインド伝統文化の相互交流がどのようなものであったのかを知り、ビールーニーのなかで体現された東西科学の融合がどのようなものであったかを明らかにしたい。

わたしはこれまで、イスラームの天文学と占星術が中国に伝えられたことを示す文献である『回回暦』と『明訳天文書』の研究によって、元明時代の中国におけるイスラーム科学のあり方について考察してきた。今回の研究は同様のアプローチをインドにおいて行うものである。このような研究を歴史学として信頼されるものにするためには、着実な文献学に基礎をおく必要があることはいうまでもない。とくに一次資料の正確な読解が必要であるが、わたしの研究の場合はサンスクリット語とアラビア語が主要な言語となる。

この研究はただ過去のことを知りたいという好事的な関心に留まるものではない。インドにおけるイスラーム科学のありかたを研究することによって、きわめて今日的な異文化共存の問題についても貴重な一石を投ずることができるからである。インドではヒンドゥー教徒が大多数を占めるために、イスラーム科学は等閑視されてきた。わたしはいままで十数回インドを訪れ、天文学、数学に関するサンスクリット文献の調査を行ってきたが、その過程で、インド各地の多くの図書館では、アラビア語やペルシア語の精密科学に関しては、まだカタログさえできていないことを知った。ハイデラバード、アリガル、ラームプル、ジャイプル、パトナなどにムガル朝時代の流れを受け継ぐ資料豊富な図書館があるが、アラビア語、ペルシャ語写本の保存状況は劣悪で、精密科学の分野にいたっては、その内容を理解できる図書館員さえいない状況であり、研究者は皆無に近い。したがって、まずできるかぎり文献を収集し、保存することからこの研究は始まる。

とくに最近のインドではヒンドゥー教中心主義が顕著になり、若いイスラーム研究者が育ちにくい状況にある。このような状況のもとで、わたしの研究は日本の学問の進歩を考えるだけではなく、ヒンドゥー教徒とイスラーム教徒の平和的な共存を願いつつ、両文化における科学的な営みを人類の知的遺産として保存しようとするものなのである。

研究費申請のために書いた文章なので、多少身構えたところがあるが、この計画にしたがって、わたしは二年続けてインドで文献調査を行った。山本啓二氏の協力もあり、とくにラームプルとパトナの図書館では貴重な写本をたくさんデジタルカメラに収めることができた。

らである。

2　ジャンタルマンタル天文台

三年計画の最後である今年は、東京大学大学院博士課程で科学史を専攻している三村太郎君にも同行してもらった。現地で生の写本を手に取り、今後の研究の原動力にしてほしいと思ったからである。

二〇〇四年八月、デリーのハムダード大学図書館と、ビハール州パトナ市のフダバフシュ図書館で写本の調査・収集をしたあと、ラージャスターン州の首都ジャイプルへ行った。いちばんの目的は、ジャイプルから南へ一〇〇キロメートルほど離れたところにあるトンクという田舎町の「アラビア語・ペルシア語研究所」で調査することであった。昨年フダバフシュ図書館を訪問したとき、館長からここへ行くことを勧められていた。トンクの研究所は州政府の援助で最近活発に仕事を始めたが、まだ知る人は少なく、「訪問者名簿」によると日本人はわれわれが二人目と三人目であった。

トンクでの調査は一日で終わったので、ジャイプルのシティパレスの図書館で写本を調査した。この宮殿はいまでもジャイ・シング王の末裔にあたるマハーラージャが住んでおり、宮廷の一部を伝統工芸業者に貸出したり土産物店にして収入を得ているのだ。使用人は四〇〇人というから、

図 9–1　ジャンタルマンタル天文台（筆者撮影）

維持するのもたいへんだろう。図書館も博物館の一部であり、アラビア語とサンスクリット語の貴重な写本があるが、図書館員は、「ここは公立の図書館ではなく、いまでもマハーラージャの私有財産です」と強調し、自由に利用できない理由を説明してくれた。図書館員も少ないので、一日に見せてもらえる写本の種類も限られており、写真を撮ることは許されなかった。

その宮廷の向いにあるのが、有名なジャンタルマンタル天文台である。わたしたちは午前と午後にわけて二日間この天文台を訪問し、たくさんの写真を撮った。第一日目には台長みずから案内してくださった。

この天文台はジャイ・シング二世（一六八八―一七四三年）がインド各地に建設させた五つの天文台のうちのひとつであり、一七三四年に完成した。五つのうち最大規模であり、かつまたもっともよく保存されているものである。「ジャイ・シング」という名前はサンスクリット語では「ジャヤ・シンハ」つまり、「勝利の獅子」であり、かれが一七二七年に新たに建設した都も、その名にちなんで「ジャヤ・プラ」すなわち「勝利の町」と名付けられた。これが現在のジャイプルである。

ムガル朝の皇帝たちとの微妙なバランス関係を維持しつつ、ラージプート王としての地位を守り続けたジャイ・シングは、幼いころから帝王学としてインドの伝統的な教育を受け、とくに天文学と数学に秀でていた。その宮廷にはヒンドゥーとムスリムのみならず、ヨーロッパ人の学者も出入りしていた。かれがいかに広く知識を求めていたかは、王宮図書館の蔵書目録を見ればわかる。ユークリッドの『原論』やプトレマイオスの『アルマゲスト』はかれの宮廷でアラビア語からサンスクリットへ翻訳された。またかれみずから皇帝のムハンマド・シャーに捧げる天文学書を著した。

この天文台は、かつてティムールの孫ウルグ・ベグがサマルカンドに建設した天文台にならったものであり、最高度に達したイスラーム天文学を反映している。観測精度を高めるために巨大な器具が設置されており、中心をなす大日時計が、時間にして二秒の精度で時を刻んでいるさまをわれわれも目の当たりにすることができた。当時すでに宮廷でも望遠鏡は知られていたが、観測の精度を高めることができるほどのものではなかったということである。また太陽中心説も伝えられてはいたが、これを認めるところまでは至っていなかった。

ジャイ・シング王は、イスラームとヨーロッパの科学をインドの伝統的な科学の枠組みに取り入れようとしていた。この天文台もイスラーム天文学に基礎をおきながら、できる限りインドの伝統を活かそうとしている。たとえば、器械類に刻まれている数字もラベルもすべてサンスクリット語である。また図6―2（一三四頁）に示したように、一二の「ラーシ・ヴァラヤ・ヤントラ」のそれぞれに象嵌されている十二宮の図は、天球儀の表面に描く「うら」の図であり、その点ではギリシア・イスラーム的であるが、その図像自体は『ヤヴァナ・ジャータカ』以来インドで親しまれていたものである。

ヒンドゥーとムスリムの学問的な融合はジャイ・シング王の宮廷で始まったわけではなく、ムガル朝の宮廷でも同様の共同作業が行われていた。このことを示す図がある（図9―2）。この図は友人のS・R・シャルマさんが複製してくださったもので、わたしの研究室に飾ってある。シャルマさんによれば、アクバルの息子で、ムガル朝の第四代皇帝ジャハーンギール（一六〇五―一六二七年在位）が一五六九年に誕生したときの様子を、事実に忠実に再現したものだという。四人の占星学者たちがハレムへの入り口を遮るカーテンの外に座っている。そこへ高位の婦人がやってきて、赤子の誕生を告げている。四人の学者はそれぞれに器具やノートを持っている。四人のうち両側の二人がムスリム、中央の二人がヒンドゥーである。

図 9–2　ホロースコープを準備する占星術師たち
ボストン美術館蔵。S. C. Welch, *Imperial Mughal Painting* 参照

四人の前には水時計が置かれている。左端の人物は太陽の高度を測る器具を持っている。その右の人物は、おそらく四人のリーダーであり、婦人からの報告を受けている。その右の学者はデーヴァナーガリー文字で書かれたサンスクリット語のテキストを見ながらホロスコープを描いている。右端のムスリム学者は手にペルシア文字が書かれた紙を持っている。

この図は、ムガル朝の宮廷で占星術が重要な役割を果たしていたことを示すと同時に、ヒンドゥーとムスリムの学者たちが共同研究をしていた事実を見事に表現している。学問は国境だけでなく、宗教の違いも乗り越えていくのだ。またこの赤子の父親アクバルが大きな度量をもって学問を支援していたであろうこともこの図から推測することができる。

ジャンタルマンタル天文台を訪問する計画をS・R・シャルマさんに知らせたところ、かれはもう一人のシャルマさんを紹介してくれた。それがこの天文台長オーム・プラカーシュ・シャルマさんである。天文台を見学してしばらくたつと、シャルマさんが出勤してきたので、台長室で面会した。シャルマさんはジャイプル大学のサンスクリット学科出身で、伝統的な天文学と近代天文学の両方を勉強し、卒業後まもなくここに赴任したという。

話題がたまたま占星術におよぶとがぜん眼を輝かせ、次から次へと会話が続いた。ついにはわたしの生年月日と誕生の時刻を聞き出して、わたしのホロスコープを描きはじめた。手元にあるいくつかの表を使って簡単な計算もしていたが、じつに手際よく、ほんの一〇分ほどでホロスコープができあがった。

それだけではない。シャルマさんは、ホロスコープを見ながら、わたしの過去について、健康、学問、旅行、家族、妻、子供などに分けて説明し始めたのである。その内容は、十数年前にわたしがインド各地を回って占星術師たちにインタビューし、『占星術師たちのインド』で報告したものとたいへんよく似ており、「当たらずとも遠からず」というものであった。シャルマさんに、「占

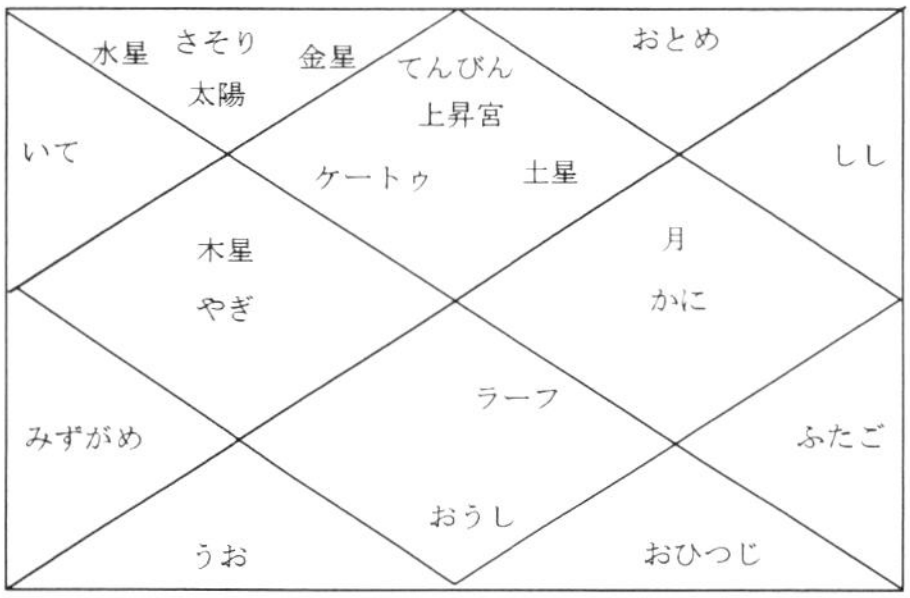

図 9–3　ジャイ・シング王のホロスコープ

星術を信じていますか」とたずねると、「もちろん、インド人だから」と言われた。計算はわたしにもわかるが、運勢についてはどのように勉強したのかたずねてみると、『ラグ・パラーシャラ』というサンスクリットのテキストを用いたということであった。おそらくわたしが持っている『パラーシャラ・ホーラー』という占星術書の簡略版であろう。

天文台見学のあと、わたしはシティパレスの美術館内の売店でこの天文台のガイドブックを買った。ホテルでこれを眺めているうちに、たまたま図9―3のようなジャイ・シング王のホロスコープを見かけた。

ガイドブックにはホロスコープの出典は書かれていないが、あとでジャイ・シング王の伝記を調べると、宮廷の古文書に残されているという。このホロスコープに火星の位置が記されていないのは不思議だが、最も縁起の悪い星なのであえて記さなかったのかもしれない。

このガイドブックには西暦一六八八年というジャイ・シング王の生誕の年が与えられているだけであるが、このホロスコープから逆に月日も求めることができる。わたしがホームページで公開しているインド暦プログラムで計算すると、惑星の位置はグレゴリオ暦一六八八年一一月一三日（土曜日）がもっとも近い。ただし当時インドの西暦はユリウス暦が主流であったから、それによる日付は一六八八年一一月三日になる。太陽と上昇宮の位置から判断すると、時刻は日出の少し前である。その日はインド暦ではカールッティカ月（「満月終り」の命名法ではマールガシールシャ月）の黒分六日に相当する。

ガイドブックの著者はこのホロスコープにもとづいてジャイ・シング王の性格と運命を次のように説明している。

上昇宮がてんびん宮であるから、全体的な性質として、寛大で、女性に感化されやすく、豪奢、賢明、移り気、親切で、愛想よし、辛辣、旅行好き、道徳的、親戚に敬愛され、繊細で気配りあり、快活、放縦、女性のおべっかに弱く、宗教的、高位の人々に気に入られる。第四位がやぎ宮で、ここに木星があり、上昇宮にある土星から九〇度（矩）によってアスペクトされているから、小さいときに両親を亡くした。おとめ宮が第一二位で、その支配星（水星）が第二位にあり、みずがめ宮が第五位なので、正義と、音楽・女性・文学にたいする愛と天文学の嗜好があり、結婚式に莫大な富をつぎ込む。月が上昇宮から第一〇位にあり、それがまた自分が支配するかに宮であるから、都市、庭、水時計、サリー、宮殿を作る。土星がその高揚位であるてんびん宮にあり、第一位にあるから、かれは巨万の富と領土の支配者になる。第二位がさそり宮なので女性の愛と豪奢な生活を示しているが、そのとおりかれは三一人の妻とその他の愛人をもった。この同じ宮がかれの陰険な行動を示している。太陽が第二位にあるので、友人とのあいだに軋轢を生ずる。（後略）

このような説明はガイドブックの著者によるものというよりは、インドで昔からなされているものであり、ジャイ・シング王の宮廷占星術師も、ほぼ似たような説明をしたことであろう。このように「位」と「宮」と惑星の関係で順に説明していくのは、わたしの過去の運勢を語った天文台長のシャルマさんもまったく同じであった。わたしは生きた伝統を体験したのである。おそらくこの宮殿に住む現在のマハーラージャにも、シャルマさんのようなお抱えの占星術師がいるであろう。

実際ネパールの王室では占星術師が重要な役割を果たしており、二〇〇一年六月に皇太子が国王夫妻らを殺害し、自分も死ぬという事件が起こったとき、現地の新聞は「占い師が王族に対して、皇太子は三五歳まで結婚したり、子供を作ったりしてはならず、もし従わなければ国王は死ぬだろうと助言していた」と報道していたという（同月三日朝日新聞朝刊）。

わたしはその一〇年前にインタビューしたことのある「王室占星術師」が関与していたのではな

いかとたいへん気になり、現地でフィールドワークをしているドイツ人女性と何度もメールをやりとりした。彼女から送られてきた電子新聞にはその王室占星術師の談話も寄せられており、「自分はいっさい関知していない。サンスクリット語も占星術も知らない無能な占い師が無責任なことを言ったのだろう」とコメントしている。しかしそれなら国王と皇太子のホロスコープを作ったというこの王室占星術師がどうしてこのような破局を予想できなかったのだろうか？

わたしと同じ疑問をもった現地の記者にたいして、この占星術師は、国王のホロスコープをなくしてしまった、と告白したという。またかれは別のネットニュースで、この年は土星の位置がたいへん悪く、しかも土星と木星が接近しているので、ネパールだけでなく世界全体にとってもたいへん危険な年であると警告している。

まさに安倍晴明のようにしたたかに生きのびていく占星術師の姿をここに見る思いがする。しかしまたこの年の九月一一日に何が起こったかを思い出すと、恐ろしい気がしないわけでもない。

占星術は現在の日本では「サブ・カルチャー」である。しかし、古代や中世では「カルチャー」そのものであったし、インドやネパールでは今でもそうである。信じるか信じないかは別として、占星術が文化を見るひとつの視点になることは間違いない。

参考文献

井筒俊彦『イスラーム思想史』岩波書店、一九七五年（中公文庫、一九九一年）
伊藤義教『ペルシア文化渡来考』岩波書店、一九八〇年（ちくま学芸文庫、二〇〇一年）
ヴァラーハミヒラ（矢野道雄・杉田瑞枝訳）『占術大集成』１・２、平凡社、東洋文庫、一九九五年
ディミトリ・グタス（山本啓二訳）『ギリシア思想とアラビア文化』勁草書房、二〇〇二年
善波周「大集経の天文記事」『日本佛教学会年報』（一九五七年）第二三号、一〇一―一一六頁
ビバン・チャンドラ（粟屋利江訳）『近代インドの歴史』山川出版社、二〇〇一年
S・J・テスター（山本啓二訳）『西洋占星術の歴史』恒星社厚生閣、一九九七年
中山茂『日本の天文学』岩波新書、一九七二年（朝日文庫、二〇〇〇年）
O・ノイゲバウアー（矢野道雄他訳）『古代の精密科学』恒星社厚生閣、一九八四年（新装版一九九〇年）
野尻抱影編『星座』恒星社厚生閣、一九八二年
森田龍僊『密教占星法』上下、臨川書店、一九七四年
矢島文夫『占星術の起源』ちくま学芸文庫、二〇〇〇年
藪内清『中国の天文暦法』平凡社、一九六九年（増補改訂版一九九〇年）

藪内清訳『アルマゲスト』恒星社厚生閣、一九五八年（再刊一九八二年）

矢野道雄『密教占星術』東京美術、一九八六年

矢野道雄『占星術師たちのインド』中公新書、一九九二年

山本啓二「初期アッバース朝と歴史占星術」『オリエント』第四四巻第二号（二〇〇一年）、一三五―一四七頁

V. S. Bhatnagar, *Life and Times of Sawai Jai Singh 1688–1743*, Delhi, 1974.

David Brown, *Mesopotamian Planetary Astronomy-Astrology*, STYX Publications, Groningen, 2000.

Charles Burnett and Keiji Yamamoto, *Abū Ma‘shar: On Historical Astrology, The Book of Religions and Dynasties (On the Great Conjunctions)*, 2 vols., Brill, 2000.

Ch. Burnett, K. Yamamoto and M. Yano, *Abū Ma‘shar: The Abbreviation of the Introduction to Astrology, together with the Medieval Latin Translation of Adelard of Bath* E.J. Brill, 1994.

Hermann Hunger, *Astrological Reports to Assyrian Kings*, Helsinki University Press, 1992.

Hermann Hunger and David Pingree, *Astral Sciences in Mesopotamia*, Brill, 1999.

Alexander Jones, *Astronomical Papyri from Oxyrhynchus*, Volumes I and II, American Philosophical Society, Philadelphia, 1999.

Ulla Koch-Westenholz, *Mesopotamian Astrology, An Introduction to Babylonian and Assyrian Celestial Divination*, Unversity of Copenhagen, 1995.

Otto Neugebauer, *A History of Ancient Mathematical Astronomy*, 3 vols, Berlin-Heidelberg-New York, 1975.

David Pingree, *Thousands of Abū Ma'shar*, London, 1968.

David Pingree, *The Yavanajātaka of Sphujidhvaja*, 2 vols, Cambridge MA, 1978.

David Pingree, 'The Indian and Pseudo-Indian Passages in Greek and Latin Astronomical and Astrological Texts', *Viator*, 7, 1976, pp. 141–95.

David Pingree, *From Astral Omens to Astrology, From Babylon to Bīkāner*, Rome, 1997.

Francesca Rochberg, *Babylonian Horoscopes*, American Philosophical Society, Philadelphia, 1998.

Francesca Rochberg, 'Babylonian Horoscopy: The Texts and Their Relations', *Ancient Astronomy and Clelstial Divination*, ed. by N.M. Swerdlow, The MIT Press, 1999, pp. 39–59.

A.J. Sachs and H. Hunger, *Astronomical Diaries and Related Texts from Babylonia, Volume I, Diaries from 652 B.C. to 262 B.C.*, Wien, 1988.

S. R. Sarma, 'Astronomical Instruments in Mughal Miniatures', *Studien zur Indologie und Iranisktik*, 16 (1992), pp. 235–276.

B.L. van der Waerden, *Science Awakening II, The Birth of Astronomy*, Leiden, 1974.

Christopher Walker (ed.), *Astronomy before the Telescope*, British Museum Press, 1999.

Michio Yano, *Kūšyār Ibn Labbān's Introduction to Astrology, Studia Culturae Islamicae*, Vol. 62, Institue for the Study of Languages and Cultures of Asia and Africa, Tokyo, 1997.

参考ＵＲＬ

http://www2.ncc.u-tokai.ac.jp/suzuki/Promenade.html

http://www.kyoto-su.ac.jp/~yanom/

あとがき

古典を学ぶ醍醐味は昔の人々のことばをじかに聞いて、かれらを師とし、友とすることができるということである。わたしがインドの古典天文学をはじめて学んだのは、五世紀末の天文学者アールヤバタの書物を通じてであった。かれが地球の自転を主張していたということをたまたま知ったのがきっかけで、サンスクリット原典を読んでみたいと思ったのである。

天文学などまったく勉強したこともなかったわたしに古典天文学を教えてくれたのは、紀元後二世紀のプトレマイオスであった。かれの『アルマゲスト』を最初は藪内清先生の日本語訳で読み、アメリカのブラウン大学ではギリシア語原典で読む機会を得た。さらに一一世紀の、イスラーム世界きっての学者アル・ビールーニーもわたしの師匠である。名著『インド誌』をかれのことばでじかに読むためにわたしは三〇歳を過ぎてからアラビア語の勉強をはじめたのであった。ブラウン大学でアラビア語写本の読み方を教えて下さったデーヴィド・ピングリー先生は、いっしょにテキストを読みながら、しばしば「マイ・フレンド」ということばを口にされた。それはそのテキストの著者アル・ビールーニーのことであり、先生にとっては「友だち」といえるほど親しい存在だったのだ。

実際古代の学者はあるときは師であり、あるときは友であり、またときにはライバルにもなる。天文学や数学のようないわゆる「精密科学」の場合にはライバルとして競っても勝負がはっきりしているから、勝っても負けても気分は爽快だ。わたしは高校生のころ「○○の定理」というのを知ると、その証明法を読む前に自分で証明してやろうとむきになっていたことがある。歴史に名の残る○○さんに勝負を挑んだわけだが、いまでも精密科学の古典を読むときはそのような楽しみを味わっている。

科学史は「史」である以上は、歴史学のひとつでなければならない。だからこそ原典を正確に読むことがなによりも大切である。原典資料を離れた歴史はありえない。科学の古典を読解するためには当該の科学の知識が必要であることは当然だが、それは必ずしも高校や大学で教える現代科学の知識を意味するわけではない。たとえばプトレマイオスの天文学体系を理解するために現代天文学の知識が不可欠なわけではない。もちろん現代天文学の知識によってプトレマイオスを批判的にみることにも意味はあるだろう。しかしプトレマイオスと同じ問題意識をもち、同じレベルの幾何学の知識や計算技術を用いて解へ向かっていくことによっていっそうプトレマイオスの体系に肉薄することができるのではないだろうか。わたしは現代天文学の知識なしに古代天文学を勉強し、現代医学の知識なしに古代インド医学を学んできた。つまり古代の科学を古代人から学ぶという立場に徹してきたのである。おかげで古代の文化をより多角的に見ることができるようになった。

最近の学生の多くは早い時期に自分を「文科系」か「理科系」のいずれかの枠にはめてしまう傾向にあるが、それはわざわざ自分の視野を狭くしていくようなものだ。最近では「理科離れ」が問題になっているが、それは現代の科学技術の水準を維持するのが困難になるという「科学立国」の問題だけでなく、人間としての教養の問題でもあり、科学の歴史を一般の歴史の中にきちんと位置づけることが大学などの教養教育のなかでも必要であるとわたしは考えている。近代科学といえども歴史の産物であり、過去の人々の営為の上に築かれたものであるということを認識し、感謝の気持ちを忘れずに未来の展望をもってほしい。

わたしほど恩師に恵まれたものは少ないのではないかと思う。まず学問そのものにたずさわるよろこびを教えてくださったのはサンスクリット語の手ほどきをしていただいた大地原豊先生である。天文学史は藪内清先生、インド・イスラーム科学史はピングリー先生から直接習うことができた。これらの出会いは奇跡のように思われる。

二〇年ほど前に月刊誌『現代思想』（青土社）に「占いのコスモロジー」という記事を連載したことがある。これを一冊の本にまとめたいという気持ちをもち続けていた。本書のいくつかの節はこの連載記事が元になっている。勁草書房編集部の土井美智子さんから本書の執筆を依頼されたときに、いい機会だと思ってすぐに引き受けたが、それからすでに三年以上が経過した。二年前の夏に西安を訪問する機会があったので、そのときの印象から書きはじめ、すぐに完成するつもりだったが、さまざまな仕事が入り込み、大幅に遅れてしまった。その間我慢強く待っていただいたおかげで、最近のジャイプル訪問で締めくくることができた。期待に沿えたどうか、はなはだ心もとないが、本書を読みやすいものにするために有益な助言をいただいた土井さんにここで感謝申し上げたい。

二〇〇四年 秋分

矢野道雄

著者略歴

1944 年　京都府に生まれる
1972 年　京都大学大学院文学研究科博士課程単位修得退学
1996 年　文学博士（京都大学）
現　在　京都産業大学名誉教授
著　書　『密教占星術』（東京美術，1986 年）
『インド医学概論』（朝日出版社，1988 年）
『占星術師たちのインド』（中央公論社，1992 年）
『インド数学の発想』（NHK 出版新書，2011 年）ほか
編　書　『インド天文学・数学集』（朝日出版社，1980 年）
訳　書　ノイゲバウアー『古代の精密科学』（恒星社厚生閣，1984 年，共訳）
ヴァラーハミヒラ『占術大集成』（平凡社東洋文庫，1995 年，共訳）

星占いの文化交流史　新装版

2004 年 11 月 20 日　第 1 版第 1 刷発行
2019 年 5 月 20 日　新装版第 1 刷発行
2022 年 2 月 20 日　新装版第 2 刷発行

著　者　矢《や》　野《の》　道《みち》　雄《お》

発行者　井　村　寿　人

発行所　株式会社　勁《けい》　草《そう》　書　房

112-0005 東京都文京区水道 2-1-1 振替 00150-2-175253
（編集）電話 03-3815-5277／FAX 03-3814-6968
（営業）電話 03-3814-6861／FAX 03-3814-6854
理想社・松岳社

ISBN978-4-326-15459-3　Printed in Japan